ILUMINAÇÃO PÚBLICA
ASPECTOS JURÍDICOS À LUZ DA EXPERIÊNCIA BRASILEIRA

MÁRIO SAADI

ILUMINAÇÃO PÚBLICA
ASPECTOS JURÍDICOS À LUZ DA EXPERIÊNCIA BRASILEIRA

Belo Horizonte

FÓRUM
CONHECIMENTO JURÍDICO

2021

© 2021 Editora Fórum Ltda.

É proibida a reprodução total ou parcial desta obra, por qualquer meio eletrônico, inclusive por processos xerográficos, sem autorização expressa do Editor.

Conselho Editorial

Adilson Abreu Dallari
Alécia Paolucci Nogueira Bicalho
Alexandre Coutinho Pagliarini
André Ramos Tavares
Carlos Ayres Britto
Carlos Mário da Silva Velloso
Cármen Lúcia Antunes Rocha
Cesar Augusto Guimarães Pereira
Clovis Beznos
Cristiana Fortini
Dinorá Adelaide Musetti Grotti
Diogo de Figueiredo Moreira Neto (*in memoriam*)
Egon Bockmann Moreira
Emerson Gabardo
Fabrício Motta
Fernando Rossi
Flávio Henrique Unes Pereira
Floriano de Azevedo Marques Neto
Gustavo Justino de Oliveira
Inês Virgínia Prado Soares
Jorge Ulisses Jacoby Fernandes
Juarez Freitas
Luciano Ferraz
Lúcio Delfino
Marcia Carla Pereira Ribeiro
Márcio Cammarosano
Marcos Ehrhardt Jr.
Maria Sylvia Zanella Di Pietro
Ney José de Freitas
Oswaldo Othon de Pontes Saraiva Filho
Paulo Modesto
Romeu Felipe Bacellar Filho
Sérgio Guerra
Walber de Moura Agra

FÓRUM
CONHECIMENTO JURÍDICO

Luís Cláudio Rodrigues Ferreira
Presidente e Editor

Coordenação editorial: Leonardo Eustáquio Siqueira Araújo
Aline Sobreira de Oliveira

Av. Afonso Pena, 2770 – 15º andar – Savassi – CEP 30130-012
Belo Horizonte – Minas Gerais – Tel.: (31) 2121.4900 / 2121.4949
www.editoraforum.com.br – editoraforum@editoraforum.com.br

Técnica. Empenho. Zelo. Esses foram alguns dos cuidados aplicados na edição desta obra. No entanto, podem ocorrer erros de impressão, digitação ou mesmo restar alguma dúvida conceitual. Caso se constate algo assim, solicitamos a gentileza de nos comunicar através do *e-mail* editorial@editoraforum.com.br para que possamos esclarecer, no que couber. A sua contribuição é muito importante para mantermos a excelência editorial. A Editora Fórum agradece a sua contribuição.

Dados Internacionais de Catalogação na Publicação (CIP) de acordo com a AACR2

SA111i	Saadi, Mário
	Iluminação pública: aspectos jurídicos à luz da experiência brasileira / Mário Saadi.– Belo Horizonte : Fórum, 2021.
	116p.; 14,5 x 21,5cm
	ISBN: 978-65-5518-186-9
	1. Direito Administrativo. 2. Direito Financeiro. 3. Direito Municipal. 4. Direito Constitucional. I. Título.
	CDD 341.3
	CDU 342.9

Elaborado por Daniela Lopes Duarte - CRB-6/3500

Informação bibliográfica deste livro, conforme a NBR 6023:2018 da Associação Brasileira de Normas Técnicas (ABNT):

SAADI, Mário. *Iluminação pública*: aspectos jurídicos à luz da experiência brasileira. Belo Horizonte: Fórum, 2021. 116p. ISBN 978-65-5518-186-9.

Ao Sr. Antuá,
porque tinha que ser.

À Leticia,
porque sempre o será.

*[…] no one knows the where's or why's
but something stirs and something tries
and starts to climb toward the light.*
ECHOES (Waters-Wright-Mason-Gilmour. 1971)

LISTA DE ABREVIATURAS E SIGLAS

ADCT	–	Ato das Disposições Constitucionais Transitórias.
ADI	–	Ação Direta de Inconstitucionalidade, conforme previsto na Lei Federal nº 9.868, de 10 de novembro de 1999.
ANEEL	–	Agência Nacional de Energia Elétrica, instituída nos termos da Lei Federal nº 9.427, de 26 de dezembro de 1996.
BDMG	–	Banco de Desenvolvimento de Minas Gerais.
BNDES	–	Banco Nacional de Desenvolvimento Econômico e Social.
CEF	–	Caixa Econômica Federal, cuja criação foi autorizada nos termos do Decreto-Lei nº 759, de 12 de agosto de 1969.
CF ou CF/1988	–	Constituição Federal de 1988.
CIP ou COSIP	–	Contribuição para o custeio do serviço de iluminação pública.
CÓDIGO CIVIL	–	Lei Federal nº 10.406, de 10 de janeiro de 2002.
CRIs	–	Certificados de Recebíveis Imobiliários.
CTN	–	Código Tributário Nacional (Lei Federal nº 5.172, de 25 de outubro de 1966).
CPPI	–	Conselho do Programa de Parcerias de Investimentos da Presidência da República.
Decreto nº 9.036	–	Decreto Federal nº 9.036, de 20 de abril de 2017, que dispõe sobre a priorização de políticas de fomento aos projetos de empreendimentos públicos dos Estados, do Distrito Federal e dos Municípios
DOU	–	Diário Oficial da União.
EC nº 39	–	Emenda Constitucional nº 39, de 19 de dezembro de 2002.

FIDCs	–	Fundos de Investimento em Direitos Creditórios.
FPM	–	Fundo de Participação dos Municípios.
FUMIP	–	Fundo Municipal de Iluminação Pública.
Lei nº 4.320	–	Lei Federal nº 4.320, de 17 de março de 1964, que estatui normas gerais de Direito Financeiro para elaboração e controle dos orçamentos e balanços da União, dos Estados, dos Municípios e do Distrito Federal.
Lei de Concessões	–	Lei Federal nº 8.987, de 13 de fevereiro de 1995, que dispõe sobre o regime de concessão e permissão da prestação de serviços públicos previsto no art. 175 da CF/1988.
Lei de Licitações	–	Lei Federal nº 8.666, de 21 de junho de 1993, que regulamenta o art. 37, XXI, da Constituição Federal, e institui normas para licitações e contratos da Administração Pública.
LINDB	–	Lei de Introdução às Normas do Direito Brasileiro, veiculada pelo Decreto-Lei nº 4.657, de 04 de setembro de 1942, conforme alterada pela Lei Federal nº 13.655, de 25 de abril de 2018, que traz disposições sobre segurança jurídica e eficiência na criação e aplicação do direito público.
LRF	–	Lei Complementar Federal nº 101, de 04 de maio de 2000, a qual estabelece normas de finanças públicas voltadas para a responsabilidade na gestão fiscal e dá outras providências.
MDR	–	Ministério de Estado do Desenvolvimento Regional, organizado nos termos do Decreto nº 10.290, de 24 de março de 2020.
Novo Marco do Saneamento	–	Lei Federal nº 14.026, de 15 de julho de 2020.
PMI	–	Procedimento de Manifestação de Interesse, regulamentado, em nível federal, pelo Decreto nº 8.428, de 02 de abril de 2015.

Política Nacional de Mobilidade Urbana	–	Lei Federal nº 12.587, de 03 de janeiro de 2012.
Política Nacional de Resíduos Sólidos	–	Lei Federal nº 12.305, de 02 de agosto de 2010.
Portaria MDR nº 265	–	Portaria nº 265, de 12 de fevereiro de 2021, do Ministério do Desenvolvimento Regional, que regulamenta os requisitos e os procedimentos para aprovação e acompanhamento de projetos de investimento considerados como prioritários na área de infraestrutura para o setor de iluminação pública.
PPI	–	Programa de Parcerias de Investimentos, criado nos termos da Lei Federal nº 13.334, de 13 de setembro de 2016.
PPP	–	Parceria público-privada, conforme prevista na Lei Federal nº 11.079, de 30 de dezembro de 2004.
RCL	–	Receita corrente líquida, definida nos termos do art. 2º, IV, da LRF.
Resolução ANEEL nº 414	–	Resolução Normativa nº 414, de 9 de setembro de 2010, da ANEEL, que estabelece as condições gerais de fornecimento de energia elétrica de forma atualizada e consolidada.
Resolução ANEEL nº 888	–	Resolução Normativa nº 888, de 30 de junho de 2020, da ANEEL, que aprimora as disposições relacionadas ao fornecimento de energia elétrica para o serviço público de iluminação pública.
SMDRU	–	Secretaria Nacional de Mobilidade e Desenvolvimento Regional e Urbano do Ministério do Desenvolvimento Regional.
SPE	–	Sociedade de propósito específico, que deve ser constituída antes da celebração do contrato de PPP, nos termos do art. 9º da Lei Federal de PPPs.
SPPI	–	Secretaria-Executiva do Programa de Parceria de Investimentos.
STF	–	Supremo Tribunal Federal.

STN	–	Secretaria do Tesouro Nacional.
TCE-ES	–	Tribunal de Contas do Estado do Espírito Santo.
TCE-MS	–	Tribunal de Contas do Estado do Mato Grosso do Sul.
TCU	–	Tribunal de Contas da União.
TJ/MG	–	Tribunal de Justiça do Estado de Minas Gerais.

SUMÁRIO

CAPÍTULO 1
INTRODUÇÃO 17

CAPÍTULO 2
AS PPPs NO SETOR DE ILUMINAÇÃO PÚBLICA 21
2.1 Introdução 21
2.2 Entendimentos do STF e sua relação com a competência municipal para prestação dos serviços de iluminação pública 22
2.3 Resolução ANEEL nº 414 e os impactos nos serviços de iluminação pública 26
2.4 Entendimentos do STF sobre a impossibilidade de cobrança de taxa de iluminação e sobre a possibilidade de cobrança da COSIP 29
2.5 Estruturação de PPPs e a figura da COSIP 34
2.6 Objeto e garantias em projetos recentes: os exemplos dos Municípios de Belém/PA e Macapá/AP 37
2.7 Conclusão 43

CAPÍTULO 3
ILUMINAÇÃO PÚBLICA E ASPECTOS ATUAIS DE MODELAGEM E DE FINANCIAMENTO DE PROJETOS 45
3.1 Introdução 45
3.2 Análise crítica sobre o PMI: pontos de debate, sugestões e cenários alternativos 46
3.3 Discussão judicial sobre a Resolução ANEEL nº 888 50
3.4 Discussão no STF sobre a abrangência do custeio das atividades de iluminação pública 52
3.5 Financiamento e algumas condições atuais 55
3.6 Financiamento de projetos e as debêntures de infraestrutura 59
3.7 Conclusão 65

CAPÍTULO 4
PPPs DE ILUMINAÇÃO PÚBLICA E RECEITA CORRENTE LÍQUIDA 67

4.1	Introdução	67
4.2	Aspectos da RCL e as PPPs	69
4.3	A hipótese levantada: ausência de impactos, para fins do cálculo do comprometimento de RCL, decorrentes de PPPs custeadas integralmente com recursos da COSIP	72
4.4	A importância do tema para as Municipalidades: adoção de soluções para distintas atividades que poderiam ser realizadas por meio de PPPs	73
4.5	As razões do art. 28 e o foco no art. 10, II e IV, da Lei Federal de PPPs, para fins de projetos de iluminação pública	75
4.6	Precedente do TCE-MS: consideração apenas de receitas novas, decorrentes da PPP, para fins de cálculo do limite de RCL, e ausência de impactos de projetos custeados com a COSIP	78
4.7	Conclusões	82

CAPÍTULO 5
PROJETOS DE ILUMINAÇÃO PÚBLICA, DESVINCULAÇÃO DA COSIP E GESTÃO MUNICIPAL 83

5.1	Introdução	83
5.2	Desvinculação dos recursos da COSIP e a questão constitucional	85
5.3	Previsões legais e contratuais sobre a utilização dos recursos da COSIP	89
5.4	Resultados das licitações e comparação com a arrecadação municipal	94
5.5	Alternativas aos gestores públicos e cuidados na aplicação dos recursos da COSIP	96
5.6	Parecer em consulta no âmbito do TCE-ES	98
5.7	Conclusões	99

CAPÍTULO 6
ILUMINAÇÃO PÚBLICA E SEGURANÇA JURÍDICA: CONDICIONANTES PARA REVOGAÇÃO DE LEGISLAÇÃO QUE CRIE A COSIP 101

6.1	Introdução	101
6.2	TCU e a discussão sobre aprovação de determinadas leis sem a respectiva adequação financeiro-orçamentária	102
6.3	Entendimento do TCU no âmbito do Acórdão nº 1.907/2019	103
6.4	Aplicação do entendimento no Acórdão TCU nº 1.907/2019 no setor de iluminação pública	105
6.5	Interpretação pela impossibilidade de diminuição ou revogação da COSIP sem os estudos financeiro-orçamentários adequados	107

6.6 Precedente do TJ/MG em âmbito de ADI 109
6.7 Conclusão..112

CAPÍTULO 7
CONCLUSÃO 115

CAPÍTULO 1

INTRODUÇÃO

1.1 Este livro começou a ser pensado no mês de agosto de 2020. A pandemia da COVID-19 afetava nossas vidas há cerca de meio ano e trazia incertezas de ordens diversas. Em setores de infraestrutura o cenário não era diferente. A população submetida ao regime de quarenta, a discussão sobre os serviços essenciais, os novos padrões de comportamento, a queda de demanda em certas atividades, todo um estado de coisas era constantemente debatido e rediscutido. *Para onde apontaria a nossa existência, afinal?*

1.2 Em meio a esse conjunto de fatores, percebi, com base em minha experiência profissional, que um dos setores com os quais estava envolvido conseguia avançar: o de iluminação pública. No dia 03 de agosto de 2020, entrava em vigor a Resolução ANEEL nº 888, que teve o objetivo de aprimorar aspectos relativos ao fornecimento de energia elétrica para o serviço de iluminação pública. No mesmo dia ocorria na B3 a licitação nº 010/2020, para a outorga dos serviços pelo Município de Vila Velha/ES. Dias depois, em 14 de agosto, 3 (três) licitações ocorreriam simultaneamente, também na B3: Aracaju/SE, Feira de Santana/BA e Franco da Rocha/SP realizavam, respectivamente, as licitações nºs 01/2020, 026/2020 e 004/2020.

1.3 Acompanhava de perto projetos setoriais desde 2013. Cumprindo rígida quarentena em função do coronavírus e, ao mesmo tempo, tendo a oportunidade de participar de aspectos práticos setoriais como consultor de empresas e entidades que participavam diretamente de projetos em andamento e que guiavam boa parte das discussões que levavam ao seu aprimoramento, entendi que talvez pudesse contribuir com algo.

1.4 Saiu esta obra simples, com a qual tenho três pretensões: (i) começar a preencher a lacuna sobre a ausência de obras jurídicas que tratem especificamente de iluminação pública; (ii) demonstrar, eminentemente, aspectos práticos que contribuíram para o protagonismo do setor ao longo dos últimos anos; (iii) construir a tese de que existiriam ganhos incrementais que levariam ao aumento da segurança jurídica para investimento privado em iluminação pública, especialmente em PPPs.

1.5 Não tive a preocupação de fazer uma pesquisa doutrinária para a construção do trabalho. Como mencionado, apresento aspectos práticos decorrentes de algumas experiências, de maneira paralela a pontos institucionais de avanços que foram (e ainda são) fundamentais para que o setor ganhasse complexidade e previsibilidade.

1.6 Não obstante, utilizo-me de coisas que escrevi no passado para o desenho de cada um dos capítulos aqui desdobrados. Tudo foi revisitado e atualizado em boa medida. Os principais textos utilizados pautaram os capítulos 2,[1] 3,[2] 4,[3] 5 e 6.[4] Tentei encadear as ideias ao longo deles, caso os leitores ou as leitoras pretendessem fazer um caminho completo, do início ao fim. Ao mesmo tempo, tentei garantir que os pontos trabalhados em cada parte do texto fossem, de alguma maneira, autônomos, caso o interesse fosse por algum tema mais específico.

1.7 Por fim, ressalto aqui a minha gratidão e o meu amor àqueles que dão sentido à minha vida e que, na medida do possível, estiveram ao meu lado durante o período de distanciamento que nos foi (e ainda nos é) imposto, como decorrência da pandemia que ainda nos machuca: minha mãe, Lamia; meu padrasto, Pedro; meu irmão, Mário; meus sogros, Regina e Juraci; meus cunhados, Vanessa e Fernando; meu avô, Antuane; minha esposa, Leticia. Os dois últimos sempre foram o meu porto seguro para embarcar em novas aventuras, continuar a me dedicar, enfrentar contratempos, pintar a aquarela de um mundo melhor e manter a noção de que, sim, viver é bom, e que amor, amizade, cumplicidade, gentileza, respeito, bom estado de espírito e simplicidade conferem significado genuíno à nossa existência. Tudo isso nos faz

---

[1] SAADI, Mario. A figura da COSIP e as PPPs no setor de iluminação pública. *Revista Brasileira de Infraestrutura – RBInf*, v. 3, p. 169-183, 2014.

[2] SAADI, Mario. A questão da taxa de mortalidade do PMI. O problema é dele mesmo? *Canal PPP*, 17 jun. 2019.

[3] SAADI, Mario. Contratação de parcerias público-privadas no setor de iluminação pública: aspectos da receita corrente líquida e as características da COSIP. *Revista Digital de Direito Administrativo – RDDA*, v. 03, p. 429-452, 2016.

[4] SAADI, Mario. Iluminação Pública e Segurança Jurídica: condicionantes para revogação de legislação que crie a COSIP. *Revista de Colunistas Direito do Estado*, n. 431, 2019. Disponível em: http://www.direitodoestado.com.br/colunistas/mario-saadi/iluminacao-publica-e-seguranca-juridica-condicionantes-para-revogacao-de-legislacao-que-crie-a-cosip. Acesso em 11 abr. 2021.

um pouco mais humanos, torna nossa vida mais leve. Faz com que continuemos a sonhar, independentemente das adversidades. A eles este livro vai dedicado.

CAPÍTULO 2

AS PPPs NO SETOR DE ILUMINAÇÃO PÚBLICA

2.1 Introdução

Nos termos da Constituição Federal, a União, os Estados, o Distrito Federal e os Municípios possuem o dever de prestar, cada um deles, determinados serviços públicos e colocá-los adequadamente à disposição dos usuários. Dentre os referidos serviços, a Carta Magna atribuiu aos Municípios a responsabilidade pela prestação dos serviços de interesse local (*ex vi* de seu art. 30, V). Para tanto, deverão ser definidos tanto os serviços que se subsumem à noção de interesse local quanto os recursos orçamentários existentes para que os Municípios possam custeá-los.

Um dos aspectos centrais relativos ao interesse local diz respeito à iluminação pública: quaisquer atividades corriqueiras em períodos noturnos (para acesso a oportunidades de emprego, educação, saúde, lazer etc.) são diretamente dependentes da existência de serviços de iluminação pública adequados. Ademais, e a título de exemplo, a existência de condições regulares de segurança pública também está umbilicalmente ligada à iluminação pública necessária e suficiente.

No presente capítulo analiso a competência municipal referente aos serviços públicos de iluminação, à forma de seu custeio e à possibilidade de modelagem de projetos específicos para o seu desenvolvimento.

Para tanto, organizo-me da seguinte forma: apresentarei os principais aspectos relativos à competência municipal para a prestação dos referidos serviços e à Resolução ANEEL n° 414, a qual havia definido data-limite para que as Municipalidades assumissem bens e incumbências pertinentes à atividade de iluminação pública; discorro sobre a forma de custeio das atividades de iluminação pública e sobre entendimentos do STF a respeito da impossibilidade de cobrança de taxa de iluminação pública e da possibilidade de cobrança da COSIP, com fundamento no art. 149-A/CF e da natureza desse tributo.

Por fim, apresento algumas das principais características de PPPs já estruturadas e em fase de concepção para a prestação de serviços de iluminação pública e aspectos de projetos já desenvolvidos, a fim de traçar algumas conclusões.

2.2 Entendimentos do STF e sua relação com a competência municipal para prestação dos serviços de iluminação pública

A Constituição Federal de 1988 estabeleceu que a exploração, direta ou indireta, dos serviços e instalações de energia elétrica é de competência da União (nos termos de seu art. 21, XII, "b"). Por meio da Lei Federal nº 9.427, de 26 de dezembro de 1996, foi instituída a ANEEL, autarquia sob regime especial, vinculada ao Ministério de Minas e Energia, que tem por finalidade regular e fiscalizar a produção, a transmissão, a distribuição e a comercialização de energia elétrica, em conformidade com as políticas pública e diretrizes instituídas pelo Governo Federal (art. 22).[5]

Não obstante as atividades de iluminação pública possam ser enquadradas como espécies dos serviços de energia elétrica – os quais, nos termos do art. 21, XII, "b"/CF, são de competência da União –, podem ser consideradas, constitucionalmente, como de interesse local. Tal fato desloca o feixe de atribuições relativo ao serviço da União para os Municípios. Dessa forma, serão por eles exercidas, em conformidade com o art. 30, V/CF.

Podem ser consideradas como de interesse local aquelas atividades que funcionem como catalisadoras dos assuntos de competência municipal, a referir-se aos interesses que dizem respeito mais diretamente às necessidades imediatas do Município e de sua população.

---

[5] A instituição da ANEEL teve os seus aspectos delineados pelo Decreto nº 2.335, de 06 de outubro de 1997. Em seus termos, ela possui personalidade jurídica de direito público e autonomia patrimonial, administrativa e financeira, com sede e foro no Distrito Federal e prazo de duração indeterminado (art. 12).

No voto do Min. Rel. Carlos Velloso, prolatado na ADI nº 1.221-5/RJ,[6] emanou-se o entendimento de que o "[i]nteresse local diz respeito a interesse que diz de perto com as necessidades imediatas do Município".[7]

Mais recentemente, a questão foi novamente enfrentada na ADI nº 2.340/SC.[8] Nela, discutiu-se a competência, se atribuída aos Estados ou aos Municípios, para legislar sobre a matéria de distribuição de água e, inclusive, para a prestação de tal serviço.

A discussão do caso teve início no ano 2000, quando o Governador do Estado de Santa Catarina propôs a ação com o objetivo de ver declarada inconstitucional a Lei Estadual nº 11.560/2000. Por meio dela, tornou-se obrigatório o fornecimento de água potável pela Companhia Catarinense de Águas e Saneamento (sociedade de economia controlada pelo Estado de Santa Catarina), com caminhões-pipa, sempre que houvesse a interrupção na adequada prestação de tais serviços.

O requerente sustentou que a Constituição Federal conferiria aos Municípios – e não aos Estados – a competência para legislar sobre assuntos de interesse local (dentre eles os de distribuição de água). Ainda que na maioria dos Municípios catarinenses os serviços de esgotamento e abastecimento de água fossem prestados pela Companhia Catarinense de Águas e Saneamento, ela o faria na condição de delegatária (por meio de concessão) dos Municípios, os quais seriam os entes federados competentes para legislar sobre e prestar tais serviços. Assim, a lei estadual catarinense violaria o disposto nos arts. 30, I, e 175, parágrafo único, da Carta Magna.

O debate a respeito da constitucionalidade da norma atacada decorreu do fato de a Constituição Federal não ter estabelecido, expressamente, qual ente federado possui a titularidade dos serviços de

---

[6] Plenário, Rel. Min. Carlos Velloso, j. 09 out. 2003.
[7] Fl. 29 do acórdão na ADI nº 1.221-5/RJ.
[8] STF. Plenário, Rel. Min. Ricardo Lewandowski, j. 06 mar. 2013, com a seguinte ementa: "Ação Direta de Inconstitucionalidade. Estado de Santa Catarina. Distribuição de água potável. Lei Estadual que obriga o seu fornecimento por meio de caminhões-pipa, por empresa concessionária da qual o estado detém o controle acionário. Diploma legal que também estabelece isenção tarifária em favor do usuário dos serviços. Inadmissibilidade. Invasão da esfera de competência dos Municípios, pelo Estado-Membro. Interferência nas relações entre o Poder Concedente e a empresa concessionária. Inviabilidade da alteração, por Lei Estadual, das condições previstas no contrato de concessão de serviço público local. Ação julgada procedente. I – Os Estados-membros não podem interferir na esfera das relações jurídico-contratuais estabelecidas entre o poder concedente local e a empresa concessionária, ainda que esta esteja sob o controle acionário daquele. II – Impossibilidade de alteração, por lei estadual, das condições que se acham formalmente estipuladas em contrato de concessão de distribuição de água. III – Ofensa aos arts. 30, I, e 175, parágrafo único, da Constituição Federal. IV – Ação direta de inconstitucionalidade julgada procedente".

saneamento básico. De um lado, há as previsões de que os Municípios legislarão, organizarão e prestarão os serviços públicos de interesse local (art. 30, I e V). De outro, prevê-se que aos Estados são reservadas as competências que não lhes sejam constitucionalmente vedadas (art. 25, §1º).

Uma das questões enfrentadas pelo STF na ADI nº 2.340/SC foi a de se definir se a distribuição de água potável constituiria serviço de natureza local, de competência municipal. Em caso positivo, a lei estadual seria inconstitucional, pois lei editada pelo Estado haveria disciplinado a forma de prestação dos serviços. Do contrário, caso se entendesse que o abastecimento de água não se constituiria como serviço de interesse local, a lei estadual não teria incorrido em qualquer vício de constitucionalidade, já que a competência para tratar sobre o assunto seria, efetivamente, do Estado.

Por maioria de votos, a ação foi julgada procedente pelo STF, com a declaração da inconstitucionalidade da lei catarinense. Em suas razões de decidir, o Supremo entendeu que a competência para legislar sobre assuntos locais – que a Carta Magna atribui aos Municípios – inclui a distribuição de água potável. Segundo a Corte Constitucional, as obras e os serviços para fornecimento de água potável e eliminação de detritos sanitários domiciliares, incluindo captação, condução, tratamento e despejo adequado, seriam atribuições precípuas de tais entes, como medidas de interesse da saúde pública em geral e dos usuários em particular. Ainda, o fornecimento de água bruta pela concessionária local também seria uma competência privativa do Município.

Nesse bojo, o STF considerou que interesse local se caracterizaria pela predominância (e não pela exclusividade) do interesse municipal em relação ao estadual. Nos termos do voto do Min. Rel. Ricardo Lewandowski,

> há de ser atribuída ao ente federativo capaz de atender, de modo mais efetivo; ao interesse comum. Essa prática, aliás, mostra-se consentânea com o princípio da subsidiariedade, que rege as relações entre os entes de uma Federação [...].
>
> Ora, o Município é, dentre todos os entes federativos, aquele que está mais próximo da população, cujas necessidades básicas conhece de perto, incumbindo-lhe, por essa precisa razão, prestar, em primeira mão, os

serviços públicos essenciais, com destaque para a distribuição de água potável, sem prejuízo da eventual colaboração do Estado e da União.⁹

No voto do Min. Gilmar Mendes, em sentido semelhante, aduziu-se que o interesse local está, de alguma maneira, ligado à autonomia dos Municípios frente aos demais entes da federação. Para o referido Ministro:

> Depreende-se que a essência da autonomia municipal contém primordialmente autoadministração, que implica a capacidade decisória quanto aos interesses locais sem delegação ou aprovação hierárquica, e autogoverno.
>
> Evidentemente, o mínimo de competências materiais municipais depende do contexto histórico e circunscreve-se ao interesse predominantemente local, ou seja, aquele interesse que não afeta substancialmente as demais comunidades.¹⁰

O serviço de iluminação pública constitui serviço público crucial tanto à garantia de moradia digna à população local, quanto de segurança pública. Apresenta centralidade para todas as ações que são realizadas nas áreas dos Municípios, caracterizando, portanto, sua natureza de interesse local. Não obstante a competência delineada constitucionalmente, referido serviço, em diversos Municípios do país, vinha sendo prestado, de forma parcial ou integral, pelas concessionárias de distribuição de energia elétrica.

Esses aspectos são corroborados pelo art. 218 e parágrafos da Resolução ANEEL nº 414, que delineiam o fato de a prestação do serviço de iluminação pública estar centrada, até a publicação do mencionado ato normativo, nas empresas distribuidoras de energia elétrica. Houve a determinação de que as distribuidoras de energia elétrica deveriam transferir os sistemas de iluminação pública por elas geridos aos Municípios até a data de 31 de dezembro de 2014. As distribuidoras deveriam transferir o sistema de iluminação pública registrado como Ativo Imobilizado em Serviço à pessoa jurídica de direito público competente (art. 218), em conformidade com o cronograma estabelecido, observado o horizonte limite de 31 de dezembro de 2014 (art. 218, §3º).

---

⁹ Fl. 11 do acórdão na ADI nº 2.340/SC.
¹⁰ Fls. 42-43 Fl. 11 do acórdão na ADI nº 2.340/SC.

A partir da transferência dos ativos ou do vencimento do prazo de conclusão da transferência dos ativos, não seriam mais ensejados quaisquer pleitos compensatórios relacionados ao equilíbrio econômico-financeiro em favor das empresas distribuidoras, sem prejuízo das sanções cabíveis, caso a transferência não tenha se realizado por motivos de responsabilidade da distribuidora (art. 218, §5º).

Como complementação para a efetivação do tema, as empresas distribuidoras deveriam encaminhar à ANEEL, como parte da solicitação de anuência de transferência dos ativos de iluminação pública, por Município, termo de responsabilidade em que declarassem "que o sistema de iluminação pública está em condições de operação e em conformidade com as normas e padrões disponibilizados pela distribuidora e pelos órgãos oficiais competentes, observado também o disposto no Contrato de Fornecimento de Energia Elétrica acordado entre a distribuidora e o Poder Público Municipal" (art. 218, §6º).

Finalmente, a empresa distribuidora deveria atender às solicitações da pessoa jurídica de direito público competente acerca da entrega dos dados sobre o sistema de iluminação pública (art. 218, §7º).

2.3 Resolução ANEEL nº 414 e os impactos nos serviços de iluminação pública

Como ponto crucial para a transferência dos ativos de iluminação pública, a Resolução ANEEL nº 414 trouxe a noção sobre o que deveria ser entendido, para seus fins, e como base para entendimentos mais prospectivos a respeito da atividade, o que deveria ser entendido como *serviço de iluminação pública*. Em seus termos, ele é entendido como o "serviço público que tem por objetivo exclusivo prover de claridade os logradouros públicos, de forma periódica, contínua ou eventual" (art. 22, XXIX).[11] As instalações de iluminação pública, por sua vez, são o "conjunto de equipamentos utilizados exclusivamente na prestação do serviço de iluminação pública" (art. 2º, XLIV).

Fica claro, pela leitura dos dispositivos, que o serviço de iluminação pública envolve a realização de atividades em áreas públicas, que possam ser utilizadas indistintamente pela população de maneira adequada, devidamente providas de claridade artificial, projetada

---

[11] Na mesma linha vai o art. 2º, XXXIX, da Resolução ANEEL nº 414, ao prever que a iluminação pública se caracteriza como "serviço público que tem por objetivo exclusivo prover de claridade os logradouros públicos, de forma periódica, contínua ou eventual".

por meio dos equipamentos pertinentes à sua realização.[12] Essa visão está aproximada da noção de bens públicos de uso comum do povo, veiculada pelo Código Civil, segundo a qual são bens públicos "os de uso comum do povo, tais como rios, mares, estradas, ruas e praças" (art. 99, I).

No mesmo sentido vai a definição contida na Resolução ANEEL nº 414, que versa sobre a aplicação das tarifas que devem ser aplicadas pelas distribuidoras em relação a cada unidade consumidora. Conforme o mencionado ato normativo, "[a] distribuidora deve classificar a unidade consumidora de acordo com a atividade nela exercida e a finalidade da utilização da energia elétrica" (art. 4º), analisando "todos os elementos de caracterização da unidade consumidora, objetivando a aplicação da tarifa a que o consumidor tiver direito" (art. 4º, parágrafo único). A classe de iluminação pública está assim caracterizada (art. 5º, §6º, da Resolução ANEEL nº 414):

> A classe iluminação pública, de responsabilidade de pessoa jurídica de direito público ou por esta delegada mediante concessão ou autorização, caracteriza-se pelo fornecimento para iluminação de ruas, praças, avenidas, túneis, passagens subterrâneas, jardins, vias, estradas, passarelas, abrigos de usuários de transportes coletivos, logradouros de uso comum e livre acesso, inclusive a iluminação de monumentos, fachadas, fontes luminosas e obras de arte de valor histórico, cultural ou ambiental, localizadas em áreas públicas e definidas por meio de legislação específica, exceto o fornecimento de energia elétrica que tenha por objetivo qualquer forma de propaganda ou publicidade, ou para realização de atividades que visem a interesses econômicos.

Ademais, esclareceu-se que as atividades de elaboração de projetos, implantação, expansão, operação e manutenção das instalações de iluminação pública são de responsabilidade dos Municípios ou de quem tenha recebido destes a atribuição para o seu exercício (art. 21,

---

[12] Afasta-se, portanto, da iluminação pública como atividade que possa se prestar à iluminação de bens de uso especial e de bens dominicais, especialmente quando se trata de provisão de serviços para fins de iluminação interna de prédios próprios da Administração Pública. Nos termos do art. 99 do Código Civil, são bens públicos de uso especial "edifícios ou terrenos destinados a serviço ou estabelecimento da administração federal, estadual, territorial ou municipal, inclusive os de suas autarquias" (*inciso II*), enquanto são caracterizados como dominicais os que "constituem o patrimônio das pessoas jurídicas de direito público, como objeto de direito pessoal, ou real, de cada uma dessas entidades" (*inciso III*).

caput).¹³ Nessa gama, incluem-se todas as despesas referentes à ampliação ou à reforma das instalações existentes, bem como todos os demais custos necessários à prestação do serviço (art. 21, §2°).

Vê-se, portanto, a clara competência municipal quanto à gestão dos ativos de iluminação e à execução (direta ou indireta) dos serviços pertinentes à atividade. Isso dialoga diretamente com a previsão constitucional relativa à arrecadação do tributo que faz jus ao custeio da atividade de iluminação pública, passível de ser instituído pelas Municipalidades. Da conjugação entre a competência tributária para custear os serviços e os pontos regulatórios sobre ativos e serviços de iluminação pública, fica clara a competência municipal sobre esta atividade.

No contexto apresentado, os Municípios encontram-se obrigados a prestar (direta ou indiretamente) os serviços de iluminação pública. Para tanto, devem possuir recursos disponíveis para arcar com a prestação direta ou para o pagamento de empresas prestadoras de tais serviços, no caso da realização de sua execução indireta.

A principal forma de custeio de tais atividades é, atualmente, a COSIP. A possibilidade de sua cobrança foi introduzida no ordenamento jurídico pátrio pelo poder constituinte derivado, por meio da edição da EC n° 39. Com ela, veiculou-se dispositivo constitucional expresso, a estabelecer a prerrogativa municipal de instituir a cobrança da referida contribuição. Nos termos do art. 149-A e parágrafo único/CF:

> Os Municípios e o Distrito Federal poderão instituir contribuição, na forma das respectivas leis, para o custeio do serviço de iluminação pública, observado o disposto no art. 150, I e III. Parágrafo único. É facultada a cobrança da contribuição a que se refere o caput, na fatura de consumo de energia elétrica.

O legislador constituinte atribuiu expressamente aos Municípios a competência para instituir contribuição para custeio dos serviços de iluminação pública. A sua efetiva cobrança dependerá de previsões em leis municipais específicas, e se sujeita aos princípios constitucionais tributários estabelecidos no art. 150, I a III/CF.¹⁴

---

¹³ Art. 21, §1°, da Resolução ANEEL n° 414: "[a] distribuidora pode prestar os serviços descritos no caput mediante celebração de contrato específico para tal fim, ficando a pessoa jurídica de direito público responsável pelas despesas decorrentes".

¹⁴ Art. 150 da CF. "Sem prejuízo de outras garantias asseguradas ao contribuinte, é vedado à União, aos Estados, ao Distrito Federal e aos Municípios: I – exigir ou aumentar tributo sem lei que o estabeleça; II – instituir tratamento desigual entre contribuintes que se

2.4 Entendimentos do STF sobre a impossibilidade de cobrança de taxa de iluminação e sobre a possibilidade de cobrança da COSIP

Anteriormente à publicação da EC nº 39, havia discussões a respeito da (im)possibilidade da instituição de taxa relativa aos serviços de iluminação pública. A negativa era fundamentada, em grande medida, nos arts. 145, II,[15] da Constituição Federal, e 77, do CTN,[16] ao disporem que a instituição de taxas se daria, exclusivamente, "em razão do exercício do poder de polícia ou pela utilização, efetiva ou potencial, de serviços públicos específicos e divisíveis, prestados ao contribuinte ou postos à sua disposição". Como o serviço de iluminação pública é indivisível, entendia-se pela impossibilidade de instituição de taxa a ele relativo.

Em decorrência do crescente número de ações que questionavam a legalidade das então taxas relativas à iluminação pública, o STF havia adotado a posição, consubstanciada em sua Súmula nº 670, posteriormente convertida na Súmula Vinculante nº 41, segundo a qual "[o] serviço de iluminação pública não pode ser remunerado mediante taxa".[17] Nos debates relativos à proposta de súmula vinculante,[18] o

---

encontrem em situação equivalente, proibida qualquer distinção em razão de ocupação profissional ou função por eles exercida, independentemente da denominação jurídica dos rendimentos, títulos ou direitos; III – cobrar tributos: a) em relação a fatos geradores ocorridos antes do início da vigência da lei que os houver instituído ou aumentado; b) no mesmo exercício financeiro em que haja sido publicada a lei que os instituiu ou aumentou; c) antes de decorridos noventa dias da data em que haja sido publicada a lei que os instituiu ou aumentou, observado o disposto na alínea b".

[15] Art. 145, II, da CF. "A União, os Estados, o Distrito Federal e os Municípios poderão instituir os seguintes tributos: [...] taxas, em razão do exercício do poder de polícia ou pela utilização, efetiva ou potencial, de serviços públicos específicos e divisíveis, prestados ao contribuinte ou postos à sua disposição".

[16] Art. 77 do CTN. "As taxas cobradas pela União, pelos Estados, pelo Distrito Federal ou pelos Municípios, no âmbito de suas respectivas atribuições, têm como fato gerador o exercício regular do poder de polícia, ou a utilização, efetiva ou potencial, de serviço público específico e divisível, prestado ao contribuinte ou posto à sua disposição". O dispositivo é complementado pelo art. 78 do CTN, ao considerar como poder de polícia a "atividade da administração pública que, limitando ou disciplinando direito, interesse ou liberdade, regula a prática de ato ou abstenção de fato, em razão de interesse público concernente à segurança, à higiene, à ordem, aos costumes, à disciplina da produção e do mercado, ao exercício de atividades econômicas dependentes de concessão ou autorização do Poder Público, à tranquilidade pública ou ao respeito à propriedade e aos direitos individuais ou coletivos".

[17] BRASIL. STF – Supremo Tribunal Federal. *Súmula vinculante nº 41*. Disponível em: https://jurisprudencia.stf.jus.br/pages/search/seq-sumula796/false. Acesso em 19 jan. 2021.

[18] BRASIL. STF – Supremo Tribunal Federal. *Proposta de súmula vinculante nº 98*. Distrito Federal, sessão de 11 mar. 2015. Disponível em: http://www.stf.jus.br/arquivo/cms/jurisprudenciaSumulaVinculante/anexo/SUV_41__PSV_98.pdf. Acesso em 20 jan. 2021.

Min. Presidente Ricardo Lewandowski ressaltou a consolidação da jurisprudência do STF a respeito do tema nos seguintes termos:

> Com efeito, são diversos os pronunciamentos desta Corte assentando a impossibilidade de os Municípios instituírem taxa para a remuneração relativa à iluminação pública, por se tratar de serviço "inespecífico, não mensurável, indivisível e insuscetível de ser referido a determinado contribuinte" (RE n° 233.332/RJ, Rel. Min. Ilmar Galvão, Plenário).

Contudo, com o advento da EC n° 39 e a inclusão do artigo 149-A na CF/1988, o entendimento do STF a respeito do tema foi alterado: *o Supremo passou a reconhecer a constitucionalidade da instituição da COSIP (espécie tributária distinta da taxa), desde que seja procedida em conformidade com os requisitos constitucionais.*

O *leading case* de nossa Suprema Corte pacificando a questão é o Recurso Extraordinário n° 573.675-0/SC,[19] interposto pelo Ministério Público Estadual contra a Lei Complementar n° 07, de 30 de dezembro de 2002, do Município de São José, que havia instituído a cobrança da COSIP na localidade, cujo provimento foi negado pelos Ministros do STF.

A mencionada lei complementar previa a instituição da contribuição para custeio de serviço de iluminação pública, nos termos do art. 149-A/CF, devida pelos consumidores residenciais e não residenciais de energia elétrica (art. 12). Em seus termos, o serviço de iluminação pública foi considerado como o "destinado a iluminar vias e logradouros, bem como quaisquer outros bens públicos de uso comum, assim como de atividades acessórias de instalação, manutenção e expansão da respectiva rede de iluminação, inclusive a realização de eventos públicos" (art. 12, §12).

De seu lado, o Ministério Público Estadual, autor da ação, sustentava, em síntese, que a Lei do Município de São José violaria os princípios da igualdade tributária e da isonomia. Argumentava-se que os beneficiários dos serviços de iluminação pública não seriam apenas os contribuintes residenciais e não residenciais, embora apenas eles custeassem os serviços, por meio do pagamento da contribuição. Ainda, entendia não ser aceitável qualquer diferenciação no pagamento da COSIP.

---

[19] STF. Pleno, Rel. Min. Ricardo Lewandowski, j. 25 mar. 2009.

O STF, contudo, entendeu pela constitucionalidade da lei complementar, mantendo os seus efeitos e considerando constitucional a cobrança do tributário. É de se ler a ementa do acórdão:

> Constitucional. Tributário. RE interposto contra decisão proferida em Ação Direta de Inconstitucionalidade estadual. Contribuição para o Custeio do Serviço de Iluminação Pública – COSIP. Art. 149-A da Constituição Federal. Lei Complementar n° 7/2002, do Município de São José, Santa Catarina. Cobrança realizada na fatura de energia elétrica. Universo de contribuintes que não coincide com o de beneficiários do serviço. Base de cálculo que leva em consideração o custo da iluminação pública e o consumo de energia. Progressividade da alíquota que expressa o rateio das despesas incorridas pelo município. Ofensa aos princípios da isonomia e da capacidade contributiva. Inocorrência. Exação que respeita os princípios da razoabilidade e proporcionalidade. Recurso Extraordinário improvido. I – Lei que restringe os contribuintes da COSIP aos consumidores de energia elétrica do município não ofende o princípio da isonomia, ante a impossibilidade de se identificar e tributar todos os beneficiários do serviço de iluminação pública. II – A progressividade da alíquota, que resulta do rateio do custo da iluminação pública entre os consumidores de energia elétrica, não afronta o princípio da capacidade contributiva. III – Tributo de caráter *sui generis*, que não se confunde com um imposto, porque sua receita se destina a finalidade específica, nem com uma taxa, por não exigir a contraprestação individualizada de um serviço ao contribuinte. IV – Exação que, ademais, se amolda aos princípios da razoabilidade e da proporcionalidade. V – Recurso extraordinário conhecido e improvido.[20]

No caso, o Rel. Min. Ricardo Lewandowski focou na natureza jurídica da contribuição em pauta para sustentar a constitucionalidade da lei municipal que a instituiu. Para ele, a COSIP se assemelharia a impostos. Contudo, não se confundiria com eles, em vista do estabelecido no art. 167, IV, da CF/1988,[21] o qual veda vinculação da receita da arrecadação decorrente da cobrança de tal espécie tributária. A COSIP

---

[20] STF. Recurso Extraordinário n° 573.675-0/SC. Pleno, Rel. Min. Ricardo Lewandowski, j. 25 mar. 2009, p. 10.

[21] Art. 167 da CF/1988. "São vedados: [...] IV – a vinculação de receita de impostos a órgão, fundo ou despesa, ressalvadas a repartição do produto da arrecadação dos impostos a que se referem os arts. 158 e 159, a destinação de recursos para as ações e serviços públicos de saúde, para manutenção e desenvolvimento do ensino e para realização de atividades da administração tributária, como determinado, respectivamente, pelos arts. 198, §2°, 212 e 37, XXII, e a prestação de garantias às operações de crédito por antecipação de receita, previstas no art. 165, §8°, bem como o disposto no §4° deste artigo".

ficaria vinculada, tão somente, ao custeio dos serviços de iluminação pública em âmbito municipal, o que não poderia ser realizado com as arrecadações hodiernas das Municipalidades, por meio da cobrança de impostos.

De outro, destacou que, não obstante a COSIP assemelhe-se, em alguma medida, às taxas, com elas não se confunde: o art. 145, II, da CF/1988 prevê que as taxas decorrem do exercício do poder de polícia ou da utilização efetiva ou potencial dos serviços públicos específicos e divisíveis prestados ao contribuinte ou postos à sua disposição, o que não ocorre na contribuição veiculada pelo art. 149-A/CF.

Para o Rel. Min. Ricardo Lewandowski, a exação prevista no art. 149-A/CF configuraria atividade estatal *uti universi*, e não *uti singuli* – que daria ensejo à cobrança das taxas –, exatamente por ser prestada em unidades autônomas de utilização e, por isso, quantificáveis em relação a cada contribuinte. Nas palavras do Min. Rel. Ricardo Lewandowski:

> É bem verdade que a aludida contribuição guarda alguma semelhança com os impostos. No entanto, ela não se identifica com esta espécie tributária, por força do disposto no art. 167, IV, da Constituição Federal, que veda a vinculação da receita de impostos a qualquer órgão, fundo ou despesa, exceto nos casos expressamente previstos no próprio texto magno.
>
> E, embora apresente certa afinidade com as taxas, com elas não se confunde, eis que decorrem, a teor do art. 145, II, da Constituição Federal, do exercício do poder de polícia ou da utilização, efetiva ou potencial, de serviços públicos específicos e divisíveis, prestados ao contribuinte ou postos à sua disposição.
>
> É que a exação prevista no art. 149-A configura uma atividade estatal *uti universi*, e não *uti singuli*, que dá ensejo à cobrança das taxas, exatamente por ser prestada em unidades autônomas de utilização e, por isso mesmo, quantificáveis em relação a cada contribuinte.
>
> A meu ver, a COSIP constitui um novo tipo de contribuição, que refoge aos padrões estabelecidos nos arts. 149 e 195 da Constituição Federal. Cuida-se, com efeito, de uma exação subordinada a disciplina própria [...].[22]

---

[22] STF. Pleno, Rel. Min. Ricardo Lewandowski, j. 25 mar. 2009, fls. 1.423-1.424.

Referido precedente do STF já foi utilizado pela Corte para amparar outras decisões a respeito da possibilidade de cobrança da COSIP. Nesse ponto, há que se destacar o Agravo Regimental no Recurso Extraordinário n° 724.104/SP, assim ementado:

> Agravo Regimental no Recurso Extraordinário. Tributário. Contribuição para o Custeio do Serviço de Iluminação Pública. Constitucionalidade. RE n° 573.675-RG/SC. Acórdão recorrido que se funda em precedente firmado pelo Tribunal de Justiça de São Paulo contrário ao entendimento desta Corte. Circunstância que não obsta a aplicação do entendimento do Supremo Tribunal Federal sobre o tema. Agravo improvido. I – Esta Corte, ao julgar o RE n° 573.675-RG/SC, de minha relatoria, reconheceu a repercussão geral do tema em exame e assentou que a contribuição para custeio do serviço de iluminação pública constitui, dentro do gênero tributo, um novo tipo de contribuição que não se confunde com taxa ou imposto. II – Concluiu-se, ainda, pela possibilidade de se eleger como contribuintes os consumidores de energia elétrica, bem como de se calcular a base de cálculo conforme o consumo e de se variar a alíquota de forma progressiva, consideradas a quantidade de consumo e as características dos diversos tipos de consumidor. III – A circunstância de o acórdão de origem se amparar em precedente firmado no julgamento de ADIN pelo Órgão Especial do Tribunal de Justiça do Estado de São Paulo para assentar a inconstitucionalidade da contribuição em questão não obsta a aplicação, a este caso, do entendimento desta Corte sobre a matéria. IV – Agravo regimental improvido.[23]

Nesse caso, o STF destacou que já havia sido aceita a possibilidade de se eleger como contribuintes os consumidores de energia elétrica, bem como de se calcular a base de cálculo conforme o consumo e de se variar alíquota de forma progressiva, consideradas a quantidade de consumo e as características dos diversos tipos de consumidor. Para o Rel. Min. Ricardo Lewandowski,

> [a] questão constitucional debatida nestes autos foi definitivamente resolvida por esta Corte no julgamento do RE n° 573.675-RG/SC, de minha relatoria. Naquela oportunidade, reconheceu-se a repercussão geral do tema em exame e se assentou que a contribuição para custeio do serviço de iluminação pública constitui, dentro do gênero tributo, um novo tipo de contribuição que não se confunde com taxa ou imposto.

---

[23] STF. 2.T., Rel. Min. Ricardo lewandowski, j. 12 mar. 2013.

Ademais, concluiu-se, ainda, pela possibilidade de se eleger como contribuintes os consumidores de energia elétrica, bem como de se calcular a base de cálculo conforme o consumo e de se variar alíquota de forma progressiva, consideradas a quantidade de consumo e as características dos diversos tipos de consumidor.[24]

Por fim, no Recurso Extraordinário nº 725.704/SP, em que também se discutia a questão da cobrança da COSIP, a Min. Rel. Cármen Lúcia[25] destacou que, no Recurso Extraordinário nº 573.675/SC, o STF declarou a constitucionalidade da Lei Complementar nº 07, do Município de São José/SC, reconhecendo a constitucionalidade da COSIP, devida pelos consumidores residenciais e não residenciais de energia elétrica, destinada ao custeio do serviço de iluminação pública. Dessa forma, a Min. Rel. Cármen Lúcia assentou ser esse o entendimento aplicável a casos em que se discuta a constitucionalidade de lei municipal que traga dispositivos semelhantes aos discutidos no Recurso Extraordinário nº 573.675/SC.

Em vista de todo o exposto, resta claro que a cobrança da COSIP, a ser realizada pelos Municípios especificamente para o custeio dos serviços de iluminação pública, tem fundamento constitucional. Ademais, o STF já reconheceu a constitucionalidade da cobrança desse tributo, desde que adequadamente prevista nas leis municipais.

2.5 Estruturação de PPPs e a figura da COSIP

Os entendimentos a respeito da escorreita aplicação dos recursos da COSIP são fundamentais para sua destinação a projetos na área de iluminação pública. O ponto ganha centralidade quando se tem em vista a necessidade de os Municípios prestarem o serviço nas respectivas localidades e o fato de o referido tributo ser destinado, exclusivamente, para o seu custeio.

O fato de os Municípios deverem levar a cabo iniciativas para a prestação adequada dos serviços foi ressaltado pela publicação da Resolução ANEEL nº 414, a qual estabeleceu prazo limite para que assumam todos os bens públicos relativos à sua execução e passem a fazê-lo diretamente. Nesse bojo, colocou-se em destaque a possibilidade de estruturação de parcerias público-privadas, em sua modalidade de

---

[24] STF. 2.T., Rel. Min. Ricardo lewandowski, j. 12 mar. 2013, fl. 06 do acórdão.
[25] STF. Recurso Extraordinário nº 725.704/SP, j. 27 ago. 2013.

concessão administrativa, para o desenvolvimento das atividades de iluminação pública.

A existência da COSIP pode ser fulcral para o sucesso desses projetos (e de outros a eles correlatos), já que seus recursos são destinados, exclusivamente, para o custeio dos serviços de iluminação pública. Assim, os recursos arrecadados por meio de sua cobrança poderão ser utilizados para o pagamento de contraprestações públicas, para a realização de aportes de recursos e para a constituição de garantias públicas em favor dos parceiros privados. É exatamente isso o que acontece em projetos estruturados recentemente e é importante que a modelagem dos projetos, a prática contratual, a gestão pública dos empreendimentos, as análises feitas por órgãos de controle e as decisões judiciais estejam atentas a esses aspectos, notadamente para que haja ganhos incrementais de segurança jurídica no setor de iluminação pública.

Nessa toada, merece atenção o acórdão do TJ/RJ no Mandado de Segurança nº 0082746-56.2019.8.19.0000,[26] impetrado contra ato administrativo do Município de São João de Meriti/RJ, que havia resilido, de forma unilateral, o contrato de administração da conta corrente na qual seriam depositados os valores decorrentes da arrecadação da COSIP e que seriam garantidores da remuneração mensal da concessionária de iluminação pública local na execução do contrato de PPP. A ementa do acórdão é a seguinte:

> Ineficaz a resilição unilateral do contrato pretendida pelo Poder Concedente porque em desacordo com os termos do contrato principal e os princípios da lealdade e boa-fé objetiva que norteiam a interpretação dos contratos, inclusive os administrativos. [...]
>
> Não há dúvida quanto ao direito de o Impetrado denunciar o contrato acessório a qualquer tempo. No entanto, esta liberdade encontra limite específico no negócio jurídico principal, o contrato administrativo de parceria público privado, no qual as partes acertaram determinada forma de remuneração da Impetrante mediante a abertura de conta bancária vinculada.
>
> Sem a preservação da garantia referente às obrigações assumidas pelos contratantes no negócio jurídico principal, de todo impertinente

---

[26] Quinta Câmara Cível, Rel. Des. Henrique Carlos de Andrade Figueira, j. 29 set. 2020.

a resilição do pacto acessório porque inviabiliza a plena eficácia da concessão administrativa.²⁷

No caso, a concessionária local de iluminação pública impetrou mandado de segurança contra ato do Prefeito do Município de São João De Meriti, que havia resilido unilateralmente o contrato de administração da conta corrente na qual são feitos os depósitos da COSIP, que garantem a remuneração mensal nos termos do contrato de PPP de gestão do parque de iluminação pública.

Segundo a concessionária impetrante, a retirada da garantia inerente à PPP colocaria em risco o recebimento da remuneração e a execução do próprio serviço contratado. Sustentou, ainda, direito líquido e certo em manter a administração da conta bancária, tendo em vista a ameaça de lesão, pleiteando a concessão da ordem para anular o ato administrativo e manter o contrato de administração, inclusive em liminar.²⁸

O pleito da impetrante foi acatado pelo TJ/RJ, pelas seguintes razões, colocadas no voto do Rel. Des. Henrique Carlos de Andrade Figueira:

> Primeiro porque a denúncia viola a obrigação de manter a garantia de pagamento mediante determinada forma assumida no contrato principal e segundo por manifesta ofensa aos princípios da lealdade e boa-fé objetiva que norteiam a interpretação dos contratos, inclusive os administrativos.
>
> Se por um lado o poder concedente, com lastro na cláusula 11 do Contrato de Administração de Conta de Pagamentos, pode denunciar o pacto acessório e encerrar a conta vinculada mantida na Caixa Econômica Federal, por outro não está autorizado a extinguir unilateralmente a própria garantia estabelecida no Contrato de Concessão que assegura o pagamento da contraprestação do Impetrante pela execução da gestão do parque de iluminação pública e dos prédios públicos municipais, pena de comprometer a plena e eficaz execução do contrato principal de concessão (parceria pública-privada) que as partes celebrantes têm o dever de adimplir [...]

---

²⁷ Acórdão do TJ/RJ no Mandado de Segurança nº 0082746-56.2019.8.19.0000, fls. 110-111.
²⁸ Acórdão do TJ/RJ no Mandado de Segurança nº 0082746-56.2019.8.19.0000, fls. 111-112, relatório.

A denúncia do contrato de administração de conta de pagamentos e o encerramento da conta vinculada mantida com a Caixa Econômica Federal somente produziria o efeito legal pretendido pelo poder concedente se, antes, houvesse criado outra conta vinculada ao negócio jurídico principal, ou ajustado alguma forma substitutiva com o escopo de garantir a plena eficácia do contrato principal de Parceria Público-Privada considerando a higidez da cláusula 12.4 deste contrato, o que não ocorreu na hipótese.

Nada justifica manter o contrato principal sem a indispensável garantia ao pagamento. Assim, atendidos os requisitos próprios da ação mandamental com a prova do direito líquido e certo violado pelo ato de denúncia imotivada do contrato acessório cometido pela autoridade coatora, prospera a pretensão da Impetrante.

Nestes termos, concede-se a ordem para restabelecer os efeitos do contrato de administração de conta de pagamentos e da conta vinculada mantida junto à Caixa Econômica Federal que garante o pagamento da contraprestação do Impetrante pela execução do Contrato de Gestão do Parque de Iluminação Pública e dos Prédios Públicos Municipais. Custas de lei. Sem honorários.[29]

Decisões nessa linha são importantes, pois dizem respeito diretamente à proteção contratual para aspectos centrais de contratos de iluminação pública, incluindo os recursos que balizarão tanto o objeto de PPPs quanto as garantias oferecidas à iniciativa privada nesse tipo de empreendimento.

2.6 Objeto e garantias em projetos recentes: os exemplos dos Municípios de Belém/PA e Macapá/AP

No ano de 2020, o Município de Belém lançou a Concorrência Pública SEGEP nº 05/2020,[30] cujo objeto consiste na outorga, por meio de concessão administrativa, da prestação dos serviços de iluminação pública, incluídos o desenvolvimento, a modernização, a expansão, a eficientização energética, a operação e a manutenção do conjunto de equipamentos que compõem a infraestrutura da rede municipal de iluminação pública, nela incluídos todos os pontos de iluminação

---

[29] Acórdão do TJ/RJ no Mandado de Segurança nº 0082746-56.2019.8.19.0000, fls. 113-114.
[30] BRASIL. Tribunal de licitações. *Consulta*. Disponível em: http://www.belem.pa.gov.br/licitacao/licitacao/consulta. Acesso em 09 fev. 2021.

pública localizados dentro dos limites territoriais municipais (cl. 4.1 da minuta de contrato).

Compõem o objeto do contrato as seguintes atividades (cl. 4.2 da minuta de contrato):

    i) desenvolvimento, expansão e modernização: elaboração dos planos, projetos, aquisição de equipamentos e execução das obras e serviços necessários à atualização, adequação e expansão da rede municipal de iluminação pública;

    ii) eficientização energética: elaboração dos planos, projetos, aquisição de equipamentos e execução das obras e serviços na rede municipal de iluminação pública necessários ao atendimento das metas de redução de consumo de energia elétrica;

    iii) operação e manutenção: atividades operacionais e de manutenção preventiva e corretiva da rede municipal de iluminação pública para atendimento das especificações e parâmetros de qualidade.

A contraprestação mensal efetiva a ser paga à concessionária refletirá o seu desempenho na prestação dos serviços e a efetiva disponibilidade da rede municipal de iluminação pública, por meio da verificação das entregas dos marcos da concessão tal qual previsto no plano de modernização (cl. 33.3 da minuta de contrato). O pagamento da contraprestação mensal efetiva será realizado mensalmente pela instituição financeira depositária, em nome do Poder Concedente, de acordo com as disposições do contrato de concessão e do contrato com a instituição financeira depositária (cl. 33.4).

O Anexo 6-K da minuta do contrato de concessão de Belém/PA traz as diretrizes para a celebração do contrato com a instituição financeira depositária, que disciplina a vinculação de recursos da COSIP para fins dos devidos adimplementos das contraprestações públicas devidas à concessionária ao longo da execução dos serviços concedidos. O instrumento estabelece o conjunto de regras, de procedimentos, de direitos e de obrigações destinados a viabilizar a utilização das receitas vinculadas,[31] para a constituição de saldo de liquidez[32] a ser administrado

---

[31] "Receitas obtidas por meio da arrecadação de COSIP utilizadas para custear os serviços de iluminação pública, assegurando o integral, pontual e fiel adimplemento das obrigações contraídas pelo Poder Concedente" (item 1.83 do Anexo 6-P).

[32] "[O] saldo de liquidez a ser composto pelo Poder Concedente para apoiar o pagamento da Contraprestação Mensal, por meio da transferência de receitas de COSIP, nos termos do

pela instituição financeira depositária, cuja finalidade é assegurar o integral, pontual e fiel adimplemento das obrigações contraídas pelo Poder Concedente (cl. 2.1).

Assim, a partir da data da assinatura do contrato com a instituição financeira depositária, os valores da COSIP mensalmente arrecadados na fatura de consumo de energia elétrica serão integralmente depositados pela empresa distribuidora na conta vinculada,[33] nos termos dos documentos da concessão e do art. 2º da Lei Municipal nº 9.522/2019 (cl. 2.5).[34]

As receitas vinculadas serão atreladas exclusivamente às finalidades de pagamentos das obrigações pecuniárias assumidas pelo município em decorrência do contrato de concessão perante a concessionária, protegidas pelo saldo de liquidez, sendo vedada, portanto, sua utilização para quaisquer outras finalidades (cls. 2.3 e 2.6). As coberturas em favor da concessionária devem abranger:

i) a contraprestação mensal efetiva, referente ao valor mensal a ser pago em contrapartida à execução dos serviços;
ii) o bônus sobre a conta de energia, a que a concessionária fará jus na hipótese de economia adicional no consumo de energia elétrica da iluminação pública após o alcance da meta de eficientização;
iii) as multas eventualmente devidas à concessionária em razão do atraso ou não pagamento de qualquer valor, a qualquer título, nos termos do contrato de concessão;

Contrato e seus Anexos" (item 1.88 do Anexo 6-P).

[33] "Conta corrente de titularidade do Poder Concedente, aberta junto à instituição financeira depositária, com movimentação exclusiva pela instituição financeira depositária, nos termos previstos no Contrato, destinada a receber a receita proveniente da arrecadação da COSIP repassada pela empresa distribuidora, realizar pagamentos e recompor SALDO mínimo da conta reserva, conforme contrato com a instituição financeira depositária" (item 1.22 do Anexo 6-P).

[34] "Art. 2º. Fica autorizado ao Poder Executivo vincular as receitas advindas dos fluxos recebíveis da contribuição para custeio do serviço de iluminação pública de que trata a Lei Municipal nº 8.226, de 30 de dezembro de 2002, à Parceria Público-Privada-PPP cujo objeto envolva os serviços de iluminação pública, na forma prevista no seu respectivo edital e contrato.
Parágrafo único. Com fins de operacionalizar o especificado no caput deste artigo, o Poder Público poderá celebrar contratos e demais acordos com instituições financeiras para implementar conta vinculada visando garantir as suas obrigações pecuniárias, nos termos do art. 8º da Lei Federal nº 11.079, de 30 de dezembro de 2004, bem como conforme o artigo 26 da Lei Municipal nº 8.847, de 12 de maio de 2011, sobretudo para assegurar, nos termos do contrato, o pagamento da contraprestação devida pela Administração Pública, assim como o eventual pagamento de indenizações resultantes da execução da Parceria Público-Privada".

iv) os juros eventualmente devidos à concessionária em razão do atraso ou não pagamento de qualquer valor, a qualquer título, calculados segundo a taxa em vigor para a mora do pagamento de tributos devidos à Fazenda Municipal;
v) as indenizações devidas à concessionária, sobretudo aquelas que venham a decorrer da extinção antecipada do contrato de concessão.

Os recursos depositados na conta reserva[35] no montante do saldo mínimo e aqueles que transitarem na conta vinculada não poderão ser movimentados ou utilizados para nenhuma outra finalidade, tampouco ser dados em garantia de quaisquer outros projetos ou contratos do Poder Concedente, independentemente de sua natureza (cl. 2.7).

Resguardado o exercício do direito do Poder Concedente relativo à livre disposição de até 30%, nos termos do art. 76-B do ADCT,[36] os recursos excedentes aos montantes estabelecidos contratualmente deverão ser utilizados para a realização dos pagamentos mensais devidos pelo Poder Concedente à empresa distribuidora pela operacionalização da cobrança e repasse da COSIP e pelo fornecimento da energia elétrica para iluminação pública, observadas as disposições estabelecidas na Resolução ANEEL nº 888 (cl. 2.8).

O Município abrirá e manterá a conta vinculada e a conta reserva, com movimentação restrita pela instituição financeira depositária e dedicadas especificamente a adimplir as obrigações de pagamento no âmbito do contrato de concessão e viabilizar a constituição de mecanismo de adimplemento das obrigações pecuniárias (cl. 4.1).

Aspectos semelhantes foram considerados na documentação referente à Concorrência nº 006/2020, que tem como objeto a concessão

---

[35] "Conta corrente de titularidade do Poder Concedente, aberta junto à instituição financeira depositária, com movimentação exclusiva pela instituição financeira cuja composição e recomposição do saldo mínimo deve ser equivalente ao disposto no Anexo 6-K do Contrato" (item 1.21 do Anexo 6-P).

[36] "Art. 76-B. São desvinculados de órgão, fundo ou despesa, até 31 de dezembro de 2023, 30% (trinta por cento) das receitas dos Municípios relativas a impostos, taxas e multas, já instituídos ou que vierem a ser criados até a referida data, seus adicionais e respectivos acréscimos legais, e outras receitas correntes.
Parágrafo único. Excetuam-se da desvinculação de que trata o caput: I – recursos destinados ao financiamento das ações e serviços públicos de saúde e à manutenção e desenvolvimento do ensino de que tratam, respectivamente, os incisos II e III do §2º do art. 198 e o art. 212 da Constituição Federal; II – receitas de contribuições previdenciárias e de assistência à saúde dos servidores; III – transferências obrigatórias e voluntárias entre entes da Federação com destinação especificada em lei; IV – fundos instituídos pelo Tribunal de Contas do Município".

administrativa dos serviços no Município de Macapá, incluindo implantação, instalação, recuperação, modernização, melhoramento, eficientização, expansão, operação e manutenção da infraestrutura da rede de iluminação pública.[37]

O objeto envolve a outorga, por meio de concessão administrativa, da prestação dos serviços no Município de Macapá, sem prejuízo, na forma contratual, da realização de outros investimentos e serviços obrigatórios, ou do desempenho, pela concessionária, de atividades inerentes, acessórias ou complementares, na forma das diretrizes e especificações mínimas constantes na documentação do empreendimento (cl. 4.1 da minuta de contrato). O objeto citado será implementado observando as seguintes fases (cl. 4.2 da minuta de contrato): (i) fase preliminar: preparação para assunção dos serviços; (ii) fase I: assunção dos serviços e planejamento para a fase II; (iii) fase II: implantação da modernização e eficientização; (iv) fase III: operação e manutenção após modernização.

De acordo com a forma e os procedimentos previstos no anexo 12 do contrato, o Poder Concedente, por meio da instituição financeira depositária, pagará à concessionária a contraprestação mensal efetiva e o bônus sobre a conta de energia (cl. 35.1 da minuta de contrato). A contraprestação mensal efetiva refletirá o desempenho da concessionária na prestação dos serviços e a efetiva disponibilidade da rede municipal de iluminação pública, por meio da verificação das entregas dos marcos da concessão e aplicação trimestral do índice de desempenho (cl. 36.2 da minuta de contrato).

O pagamento dos valores devidos pelo Poder Concedente será realizado e assegurado por meio da vinculação dos valores provenientes da COSIP e da celebração de contrato com a instituição financeira depositária, que regulará o trânsito dos recursos da COSIP durante todo o prazo da concessão, e cuja movimentação será restrita e terá o propósito específico de servir como meio de pagamento dos valores devidos pelo Poder Concedente (cl. 38.1 da minuta de contrato).

Assim, por meio do contrato de concessão, o Poder Concedente vincula a favor da concessionária, durante todo o seu prazo de vigência, os recursos provenientes de arrecadação da COSIP (cl. 38.2 da minuta de contrato). A vinculação abrange a integralidade dos recursos arrecadados com a COSIP até o pagamento da contraprestação mensal

---

[37] BRASIL. Portal transparência. *Concorrência nº 006/2020 – Subsecretaria de compras e contratações*. Disponível em: https://transparencia2.macapa.ap.gov.br/licitacao/concorrencia-006-2020-subsecretaria-de-compras-e-contratacoes/. Acesso em 12 fev. 2021.

efetiva e a recomposição do saldo mínimo da conta reserva (cl. 38.3 da minuta de contrato).

O Anexo 12 do contrato de concessão dispõe sobre as condições gerais do contrato com a instituição financeira depositária. Em seus termos, e de acordo com o disposto na Lei Complementar Municipal nº 132/2019-PMM, de 16 de dezembro de 2019,[38] o Poder Concedente constituirá em favor da concessionária, para pagamento das obrigações pecuniárias assumidas, a vinculação dos recursos provenientes da

---

[38] "Art. 1º. Fica o Executivo, nos termos do artigo 175 da Constituição Federal e observadas as disposições da Lei Municipal nº 1.900/2011-PMM, do Decreto Municipal nº 5.751/2011 e da Lei Federal nº 11.079/2004, autorizado a contratar Parceria Público-Privada (PPP), na modalidade de concessão administrativa e mediante prévia licitação, a prestação dos serviços de iluminação pública no Município de Macapá, incluídos a implantação, a instalação, a recuperação, a modernização, o melhoramento, a eficientização, a expansão, a operação e a manutenção da rede de iluminação pública, sem prejuízo, na forma do contrato, da realização de outros investimentos e prestação de serviços, ou do desempenho, pelo parceiro privado, de atividades inerentes, acessórias ou complementares e da implantação de projetos associados.
§1º. A concessão de que trata o caput também poderá abranger as demais infraestruturas aplicadas ou que impactem na iluminação de:
I – vias públicas destinadas ao trânsito de pessoas ou veículos, tais como ruas, praças, avenidas, logradouros, caminhos, túneis, passagens, jardins, estradas, passarelas e rodovias;
II – bens públicos destinados ao uso comum do povo, tais como abrigos de usuários de transportes coletivos, praças, parques e jardins, ainda que o uso esteja sujeito a condições estabelecidas pela administração, inclusive o cerramento, a restrição de horários e a cobrança, além da iluminação de monumentos, fachadas, fontes luminosas e obras de arte de valor histórico, cultural ou ambiental, localizadas em áreas públicas.
§2º. Observado o disposto no instrumento convocatório, poderá a Concessionária explorar receitas alternativas, complementares ou acessórias, desde que tais atividades não prejudiquem a regularidade e a adequação dos serviços prestados.
Art. 2º. Fica o Poder Executivo autorizado a vincular a totalidade das receitas municipais provenientes da Contribuição para Custeio do Serviço de Iluminação Pública – CIP para o pagamento dos valores devidos à concessionaria e constituição do arranjo de garantias relativas ao projeto de parceria público-privada descrito no art. 1º desta Lei, bem como de eventuais outras despesas relativas à rede de iluminação pública do Município de Macapá, nos termos previstos na Lei Complementar nº 110, de 10 de dezembro de 2014, e suas alterações.
§1º. Sem prejuízo de quaisquer outros mecanismos destinados a conferir estabilidade à parceria público-privada, a vinculação de que trata o caput deste artigo poderá ser estabelecida por instrumento contratual e poderá contar com a contratação de instituição financeira depositaria e operadora dos recursos vinculados.
§2º. O contrato poderá definir que a instituição custodiante de que trata o §1º será responsável pelo controle e pelo repasse dos recursos depositados na conta vinculada, nos estritos limites das regras e das condições definidas no contrato, de forma a assegurar o regular cumprimento das obrigações pecuniárias do Poder Executivo no âmbito da concessão.
§3º Caso haja excedente de recursos da CIP após o integral cumprimento das obrigações decorrentes de eventual contrato autorizado por esta Lei e demais despesas relativas à rede de iluminação pública, os valores excedentes deverão ser destinados ao Fundo Municipal de Iluminação Pública – FUMDIP".

arrecadação da COSIP, instituída pela Lei Municipal nº 110, de 10 de dezembro de 2014.

A vinculação dos recursos referidos será implantada por meio de contrato com a instituição financeira depositária, que deverá ser celebrado por Poder Concedente e concessionária com a instituição financeira depositária, devendo ser mantida até a final liquidação de todas as obrigações pecuniárias assumidas pelo Poder Concedente no contrato.

O contrato com a instituição financeira depositária deverá prever obrigação pela qual deverão ser abertas, na data da assinatura contratual, a conta vinculada e a conta reserva, com as finalidades de, respectivamente, realizar e garantir o pagamento das obrigações pecuniárias assumidas pelo poder concedente no contrato, ficando os recursos nelas depositados vinculados ao contrato em caráter irrevogável e irretratável, até a liquidação de tais obrigações.

Nessa linha, os recursos vinculados serão atrelados exclusivamente às finalidades de adimplemento contratual, sendo vedada a sua utilização para quaisquer outras finalidades (cl. 3.1 do Anexo 12). Os recursos depositados na conta reserva e aqueles que transitarem na conta vinculada não poderão ser movimentados ou utilizados para nenhuma outra finalidade, tampouco ser dados em garantia de quaisquer outros projetos ou contratos do Poder Concedente, independentemente de sua natureza (cl. 3.2 do Anexo 12).

Eventuais recursos excedentes aos que seriam destinados à concessionária de iluminação pública deverão ser utilizados para a realização dos pagamentos mensais devidos pelo Poder Concedente, respectivamente, à empresa distribuidora pela operacionalização da cobrança e repasse da COSIP e pelo fornecimento da energia elétrica para iluminação pública, bem como ao verificador independente (cl. 3.3 do Anexo 12). Após os pagamentos a que se referem os itens antecedentes, os recursos restantes serão mensalmente transferidos pela instituição financeira depositária para a conta do Fundo Municipal de Iluminação Pública – FUMIP (cl. 3.4 do Anexo 12).

2.7 Conclusão

Os Municípios possuem o dever de prestar os serviços de iluminação pública em suas localidades. Ainda que, no passado, tenham transferido a execução das atividades para as concessionárias de distribuição de energia, deverão, até a data de 31 de dezembro de

2014, assumir todos os bens relativos ao seu desenvolvimento, em consonância com a Resolução ANEEL n° 2014.

Para a prestação (direta ou indireta) dos serviços de iluminação pública, as Municipalidades devem contar com recursos orçamentários adequados para custeá-las. Nesse ponto, a Constituição Federal prevê a possibilidade de instituição da COSIP, cuja constitucionalidade já foi confirmada pelo STF (embora a repercussão geral a respeito da extensão da aplicação dos recursos arrecadados com a cobrança desse tributo ainda dependa de decisão).

Entre as alternativas colocadas à disposição do Poder Público para o desenvolvimento da atividade, está a parceria público-privada. No âmbito de tais parcerias, a figura da COSIP pode se mostrar central: é destinada, exclusivamente, à adequada prestação dos serviços de iluminação pública, pode ser utilizada como mecanismo para o pagamento de contraprestações públicas, viabilização de aportes de recursos e como garantia pública em favor dos futuros parceiros privados.

Há, paulatinamente, ganhos incrementais de segurança jurídica e de experiências setoriais. Decisões têm sido proferidas de maneira a corroborar aspectos centrais dos contratos, especialmente sob a perspectiva da estabilidade dos recursos e das garantias necessárias para fazer frente à execução dos objetos concedidos.

CAPÍTULO 3

ILUMINAÇÃO PÚBLICA E ASPECTOS ATUAIS DE MODELAGEM E DE FINANCIAMENTO DE PROJETOS

3.1 Introdução

No presente capítulo foco-me em movimentos institucionais recentes que trazem aspectos relevantes para as modelagens e para os financiamentos de projetos de iluminação pública. Assim, apresento pontos desenvolvidos pelo Governo Federal para que projetos de iluminação pública, em nível municipal, possam efetivamente sair do papel.

Isso se dá, especialmente, por meio da atuação direta do BNDES e da CEF, prática que parece se contrapor, em alguma medida, à veiculação de PMIs para o desenvolvimento de projetos setoriais. Concomitantemente, houve a publicação da Resolução ANEEL n° 888, mas que já foi levada à discussão judicial.

Ainda no que diz respeito às discussões judiciais, o STF reconheceu a ampla noção de "custeio" de atividades de iluminação pública passíveis de serem abrangidas pelos recursos da COSIP, o que auxilia diretamente na segurança jurídica para desenvolvimento de novos projetos e para o seu adequado financiamento.

Neste ponto, linhas de financiamento têm sido veiculadas para apoio setorial, juntamente com recente reconhecimento legal sobre a possibilidade de emissão de debêntures incentivadas pelas concessionárias setoriais.

3.2 Análise crítica sobre o PMI: pontos de debate, sugestões e cenários alternativos

Nos últimos tempos, críticas diversas têm sido feitas à utilização do PMI. Umas das principais seria a de que haveria pouca conversão de PMIs em editais de licitação e/ou em contratos de concessão ou de PPPs. Não raro são veiculados números que assustam, afugentam a participação privada neste tipo de procedimento, especialmente pelos desembolsos que seriam feitos para o desenvolvimento de projetos para amparar as futuras outorgas e que seriam desperdiçados com a ausência de caminhar dos empreendimentos.

Apesar disso, exponho aqui visão bastante singela sobre a questão: a de que a baixa taxa de conversão de ideias sobre projetos em concessões ou PPPs (quando se tem como foco o setor de iluminação pública, que é o propósito aqui) efetivamente contratadas não decorre intrinsicamente do instituto do PMI. Colocar tudo em suas costas é simplificar demais a questão. Ou apostar demais na utilidade do instituto. Nenhuma das duas coisas pode ser feita. As causas são as mais variadas: este é o resumo de meu argumento.

Primeiro, PMIs podem não ser convertidos em projetos pelo simples fato de que os trabalhos apresentados indicariam inviabilidade (*ou inconveniência...*) de contratação. Esta hipótese não pode ser descartada. Estudos feitos em PMI passam por análises críticas (*de quem os faz e de quem os recebe...*). A efetiva contratação também passa pelo mesmo.

Projeto que se intentou contratar pode não ser viável do ponto de vista ambiental, por exemplo; determinada PPP poderia ser viável apenas com contraprestação pecuniária muito alta (*o que poderia não fazer sentido para determinada Municipalidade, especialmente quando a utilização dos mesmos recursos é contrastada com outras necessidades que a Administração precisa resolver...*).

As causas de inviabilidade e de inconveniência de contratação são inúmeras. Elas precisam ser bem avaliadas na discussão sobre melhorias na estruturação de projetos no país, para que possamos aprender com os erros do passado e garantir que as coisas saiam do papel no futuro.

Falando em melhorias, segundo ponto a ser considerado é o da dificuldade de planejamento de nossa Administração Pública para celebração de contratos de parcerias. Pensamos mais no dia seguinte do que em horizontes de prazo mais alargados; preocupamo-nos mais em apagar incêndios do que com a adoção de medidas de prevenção para que estes não ocorram.

Trazendo a questão para a infraestrutura, debruçamo-nos mais sobre como viabilizar investimentos em cenários nos quais são discutidos gargalos emergenciais ou quando há necessidade imediata de reaquecimento da economia. Mas nos esquecemos de que a aplicação de recursos deve ser feita antes da demanda (*para garantia de que o ativo existirá quando ela chegar...*) e que a maturação de projetos que podem gerar impactos econômicos significativos não é simples, tampouco rápida.

Para a iluminação pública, especificamente, há a necessidade de adequado planejamento para que as contratações efetivamente ocorram (*tendo os estudos sido feitos por meio de PMI ou não...*). Há efetiva capacidade institucional municipal para acompanhar o desenvolvimento do projeto? E para acompanhar os trâmites da licitação? A PPP de iluminação pública seria vista, naquela localidade, como projeto de Governo ou como projeto de Estado? Em caso de não reeleição de determinado prefeito ou prefeita, com o procedimento licitatório ou de contratação em curso, o projeto seria mantido? Com a mudança na chefia do Poder Executivo Municipal, o contrato seria mantido? Haveria capacidade de se acompanhar e gerir bem um contrato que atravessará décadas?

As respostas a todas essas perguntas são cruciais para o bom desenrolar do projeto, desde o seu nascedouro. Elas não têm exatamente nada a ver com o PMI, mas, caso os pontos citados se materializem no contexto de projetos desenvolvidos com apoio nele, os números ruins seguramente aumentarão. Mas, novamente, não parece ser problema intrínseco a ele e pode guardar razões jurídico-políticas e de planejamento absolutamente mais profundas.

A falta de planejamento impactará a conversão de estudos apresentados em PMIs em projetos. O número de projetos infrutíferos aumentará. Doutro lado, a conversão passa pela adoção de medidas variadas, que devem ser igualmente bem desenhadas. Uma delas é a priorização: o que deve ser contratado e quando. Sem clareza sobre o que efetivamente se intenta contratar (*qual a política pública de contratação de parcerias de determinado ente federativo, afinal?*), os PMIs, naturalmente, fracassarão (*como têm fracassado, reforce-se*). Mas não só eles: projetos modelados por outros meios terão o mesmo desfecho.

Além das mencionadas razões, podem existir outras. O cardápio é grande: discussões institucionais podem inviabilizar a execução dos projetos; debates em audiências e consultas públicas podem expor vertentes até então não imaginadas; projetos podem ser judicializados;

editais de licitação podem ser questionados; qualificações econômico-financeiras e técnicas podem ser objeto de controvérsias; a agenda política pode mudar. As motivações para a não execução de projetos são diversas.

Precisamos de bons projetos, de agenda comum para sua viabilização e de pés no chão para seguirmos adiante. Com PMI ou sem. Ele é apenas meio, ferramenta. Não é fim. Dizer que a taxa de mortalidade de PMIs é alta é apenas constatar que nossa taxa de contratação de projetos é baixa. Não é problema intrínseco ao PMI. A questão é mais ampla: é um problema de cada um de nós.

Em função disso, medidas de apoio federal a projetos municipais têm sido cada vez mais corriqueiras e seguramente ajudam a fazer com que projetos saiam do papel. Trazem ganhos incrementais significativos para a prática editalícia, para as definições contratuais e para que as licitações ocorram. É o que acontece, por exemplo, com a consultoria para a realização de estudos realizada pela CEF, que tem contratado estudos específicos a fim de mensurar a viabilidade do projeto e estruturá-lo adequadamente.

A consultoria contratada pela CEF realiza os seguintes trabalhos:[39] diagnóstico operacional, fiscal e legal; estruturação do projeto; estudos socioambientais; estudos de engenharia, logística e afins; estudos de mercado/demanda; modelagem econômico-financeira; modelagem jurídica; apoio técnico ao ente na etapa de validação externa – realização de audiências e de consultas públicas e atendimento às interposições de órgãos de controle; apoio técnico à comissão de licitação.

Como produtos finais, são entregues aos Municípios, além dos estudos necessários para caracterizar a viabilidade do empreendimento, as minutas de documentos necessários para proceder à licitação:[40]

> Objetiva-se com tal modelo não apenas o sucesso na licitação, mas a maior efetividade possível da futura concessão. Busca-se que o parceiro privado tenha as garantias necessárias para operar os serviços por meio de regras claras e remuneração adequada, apontadas pelos estudos e consubstanciadas pelas minutas de documentos. Dessa forma, o ente público poderá prover, de maneira indireta, melhores serviços públicos,

---

[39] BRASIL. Programa de Parcerias de Investimentos. *Assistência Técnica e Financeira*. Disponível em: https://www.ppi.gov.br/assistencia-tecnica-e-financeira. Acesso em 14 fev. 2021.

[40] BRASIL. Programa de Parcerias de Investimentos. *Assistência Técnica e Financeira*. Disponível em: https://www.ppi.gov.br/assistencia-tecnica-e-financeira. Acesso em 14 fev. 2021.

podendo utilizar seus recursos em outras áreas e a população receber, como benefício, um serviço de qualidade.[41]

As atividades de estruturação realizadas pela CEF já geram resultados, tendo os projetos dos Municípios de Feira de Santana/BA, Aracaju/SE e Franco da Rocha/SP seus contratos assinados.[42]

Na mesma linha, o BNDES acimou protagonismo na estruturação de PPPs de iluminação pública. Já há carteira do programa de apoio do BNDES a Municípios para o desenvolvimento setorial. Para alcançar os objetivos estratégicos de sua agenda, o BNDES passou a atuar como fábrica de projetos e serviços, estruturando parcerias com o setor público,

---

[41] BRASIL. Programa de Parcerias de Investimentos. *Assistência Técnica e Financeira*. Disponível em: https://www.ppi.gov.br/assistencia-tecnica-e-financeira. Acesso em 14 fev. 2021.

[42] "Os Municípios de Feira de Santana (BA), Aracaju (SE) e Franco da Rocha (SP) assinam [...] os primeiros contratos de iluminação pública estruturados por meio do Fundo de Apoio à Estruturação e ao Desenvolvimento de Projetos de Concessão e Parcerias Público-Privadas (FEP) CAIXA. Ao todo, serão beneficiadas 1,4 milhão de pessoas, com um valor global de investimentos que supera R$570 milhões. [...]
Em agosto, os consórcios Conecta Aracaju, Conecta Feira e Consórcio Luz de Franco da Rocha arremataram, em leilões na Bolsa de Valores de São Paulo (B3), as concessões de iluminação pública de Aracaju (SE), Feira de Santana (BA) e Franco da Rocha (SP), respectivamente, com deságios que chegaram a cerca de 60%.
Os três consórcios foram os vencedores dentre 34 propostas participantes e vão prestar serviços com o objetivo de promover a eficientização energética, além de operar e realizar manutenção nas redes locais pelos próximos 13 anos.
Além desses, a CAIXA está desenvolvendo mais 29 projetos de PPP e concessões em Iluminação Pública, Resíduos Sólidos Urbanos e Água e Esgoto. Essa carteira deve crescer com os novos processos de chamamento do Fundo de Apoio à Estruturação e ao Desenvolvimento de Projetos de Concessão e Parcerias Público-Privadas (FEP) do Governo Federal.
A estruturação dos projetos foi realizada pela CAIXA e contou com o apoio da Secretaria Especial do Programa de Parcerias de Investimentos do Ministério da Economia, responsável pela coordenação das ações do FEP, e do Ministério do Desenvolvimento Regional, órgão setorial responsável pela temática urbana. Um acordo de cooperação técnica permitiu que os estudos fossem desenvolvidos em parceria com a International Finance Corporation (IFC), ligada ao Banco Mundial, e o aporte de recursos do Global Infrastructure Facility (GIF), possibilitando o apoio de um maior número de projetos pelo FEP" (Cf. FEP Caixa: Municípios assinam contratos de modernização de iluminação pública que vão beneficiar 1,4 MI de pessoas. *Caixa notícias*, 10 dez. 2020. Disponível em: https://caixanoticias.caixa. gov.br/noticia/24131/fep-caixa-municipios-assinam-contratos-de-modernizacao-de-iluminacao-publica-que-vao-beneficiar-14-mi-de-pessoas. Acesso em 24 fev. 2021).

novos investidores e operadores qualificados, no intuito de desenvolver soluções privadas para problemas públicos.[43][44]

De todo modo, práticas como essa não precisam significar que o PMI deva ser descartado. Antes disso, talvez chamem a atenção para o fato de que ainda precisamos, paulatina e constantemente, aprimorar nosso planejamento em setores de infraestrutura, em geral, e no de iluminação pública, em específico, para que ganhos incrementais e permanentes sejam vislumbrados na prática.

3.3 Discussão judicial sobre a Resolução ANEEL n° 888

A Resolução ANEEL nº 888 já foi levada à discussão judicial, por meio de mandado de segurança coletivo impetrado na Justiça Federal do Distrito Federal,[45] objetivando o reconhecimento da ilegitimidade e abusividade da imposição às empresas associadas da associação impetrante:[46]

i) da exigência de prestar o serviço de arrecadação da COSIP (serviço acessório ao contrato de concessão) de forma gratuita aos Municípios;

ii) da vedação de que possam tentar compensar os valores arrecadados a título de COSIP com débitos das Municipalidades; (iii) da obrigação de alterarem os contratos/convênios já firmados no que diz respeito ao prazo e aos valores praticados.

Em relação ao mérito da discussão, o juízo entendeu que a CF/1988 facultaria a conduta de cobrança da COSIP nas faturas de consumo de energia elétrica, de maneira que seria correto concluir

---

[43] BRASIL. BNDES – Banco Nacional do Desenvolvimento. *Concessão modelada pelo BNDES vai fornecer iluminação pública eficiente a 490 mil pessoas em Vila Velha.* 29 mai. 2020. Disponível em: https://www.bndes.gov.br/wps/portal/site/home/imprensa/noticias/conteudo/!ut/p/z1/fY69TsNAEIT7PEUal6s9gSGkjJRIiESiAcm-JtqcN2Thfhzf2eLxOZ0sQRO2mJlivtGiXiyXi3zY5JDjLLcctadJPihJ8GSxwVY_Hg_r_e65flUH9fBWq832flW_r3Zq_3SHLwX85f8K6v_ZZmbng3DVj6vV71BbYJP_J2wOfmO41F8TJJGUz6t1CU4rpS4fmAfqVI-JDFCsVKFG7tQkuEYKYA LHVvqCHq2AcogTCRwDoNnwwOIHZ14MrnbjycrhoDPeZDzFhDUawVObMZjDBSBH UxiCSa2F8L-S7c_X-qf0g!!/. Acesso em 23 fev. 2021.

[44] O planejamento estratégico do BNDES para o período 2020-2022 está disponível em: BRASIL. BNDES – Banco Nacional do Desenvolvimento. *Plano trienal 2020-2022.* Rio de Janeiro, dez. 2019. Disponível em: https://www.bndes.gov.br/arquivos/plano-trienal-bndes.pdf. Acesso em 23 fev. 2021. Nele, há a especificação de "estruturação de projetos que, no futuro, levem serviço de iluminação pública mais eficiente a 14 milhões de pessoas".

[45] 14ª Vara Federal Cível da SJDF, Processo nº 1052154-94.2020.4.01.3400.

[46] Fl. 01 do Processo nº 1052154-94.2020.4.01.3400 (14ª Vara Federal Cível da SJDF).

que a atividade de cobrança seria decorrência natural ou vinculada da exploração do serviço de distribuição de energia elétrica.

E, se a própria Constituição Federal facultou ao Poder Público que assim procedesse, a regulamentação do tema, posteriormente, pela ANEEL, teria apenas cumprido a orientação do legislador constituinte, como solução possível para a operacionalização da necessidade pública de cobrança da COSIP:[47]

> Portanto, é forçoso concluir que a ANEEL não está legislando em afronta aos artigos 22, inciso I e 24, inciso I, da Constituição Federal, ao estabelecer tais regras, com base no seu poder regulamentar, sobre a forma de arrecadação (cobrança) da COSIP.
>
> Ademais, a regulação desse ponto, da forma como realizada, é benéfica aos consumidores de energia, pois, caso o tema fosse posto à livre discussão e negociação contratual entre concessionárias de energias e Municípios, não se teria limitação alguma do valor da remuneração a ser devida às distribuidoras, certo que algumas chegaram a cobrar 10% sobre o montante COSIP arrecadado, para efetuar a cobrança, o que poria em grave risco o usuário do serviço.[48]

Notícias dão conta de que decisão liminar do Tribunal Regional Federal da 1ª Região teria suspendido os efeitos de Resolução ANEEL nº 888. Segundo consta, decisão do Des. Carlos Pires Brandão teria tornado sem efeito obrigações estabelecidas na Resolução Normativa nº 888, até o julgamento final da apelação cível pelo tribunal, nos seguintes termos:

> A instituição da contribuição para o custeio do serviço de iluminação pública é de competência dos Municípios, que podem instituir a referida contribuição de acordo com a necessidade e interesse local, [...] sendo plausível a tese de que, no serviço de iluminação pública, estaria incluída a instalação, a manutenção, o serviço, a expansão, o melhoramento da rede e o custo da própria arrecadação do tributo.[49]

Além das questões institucionais para apoio ao desenvolvimento de projetos e as medidas regulatórias, fator crucial para o sucesso do

---

[47] Fl. 03 do Processo nº 1052154-94.2020.4.01.3400 (14ª Vara Federal Cível da SJDF).
[48] Fl. 06 do Processo nº 1052154-94.2020.4.01.3400 (14ª Vara Federal Cível da SJDF).
[49] Cf. Liminar suspende aplicação de regra sobre iluminação pública. *Smart energia*, 19 fev. 2021. Disponível em: https://www.energiasmart.com.br/liminar-suspende-aplicacao-de-regra-sobre-iluminacao-publica/. Acesso em 24 fev. 2021.

setor de iluminação pública é a existência da COSIP, tributo arrecadado em âmbito municipal que objetiva garantir a adequada prestação dos serviços, de maneira ampla.

Contudo, havia controvérsia jurídica a respeito de eventuais limites para aplicação dos recursos arrecadados, mas que foram superadas por meio de discussão recente travada no âmbito do STF.

3.4 Discussão no STF sobre a abrangência do custeio das atividades de iluminação pública

Conforme o art. 149-A da CF/1988, "[o]s Municípios e o Distrito Federal poderão instituir contribuição, na forma das respectivas leis, para o custeio do serviço de iluminação pública, observado o disposto no art. 150, I e III". Ainda, é facultada a cobrança da contribuição na fatura de consumo de energia elétrica (art. 149-A da CF/1988).

Em vista da utilização, pelo constituinte derivado, da palavra "custeio", houve discussão, no âmbito do STF, sobre os limites de aplicação da COSIP. Na Repercussão Geral no Recurso Extraordinário nº 666.404 – São Paulo,[50] esteve em jogo exatamente o alcance do artigo 149-A da CF/1988. É dizer: *estariam os Municípios e o DF autorizados à cobrança visando satisfazer despesas com melhoramento de expansão da rede? Ou a cobrança estaria atrelada apenas* às *atividades de manutenção da rede de iluminação pública, tal como existente no momento em que a COSIP fosse instituída?*

Esses pontos foram tratados pelo STF no âmbito do Recurso Extraordinário nº 666.404 – São Paulo, assim ementado:

> 1. O artigo 149-A, da Constituição Federal, incluído pela Emenda Constitucional nº 39/2002, dispõe que '[o]s Municípios e o Distrito Federal poderão instituir contribuição, na forma das respectivas leis, para o custeio do serviço de iluminação pública, observado o disposto no art. 150, I e III'.
>
> 2. O constituinte não pretendeu limitar o custeio do serviço de iluminação pública apenas às despesas de sua execução e manutenção. Pelo contrário,

---

[50] STF. Plenário, Rel. Min. Marco Aurélio, j. 23 out. 2013, assim ementado: "Iluminação pública – Custeio de melhoramento e expansão da rede – Artigo 149-A da Constituição Federal – Afastamento na origem – Recurso Extraordinário – Repercussão Geral configurada. Possui repercussão geral a controvérsia relativa à constitucionalidade da cobrança, por Municípios e Distrito Federal, de contribuição de iluminação pública visando satisfazer despesas com melhoramento e expansão da rede".

deixou margem a que o legislador municipal pudesse instituir a referida contribuição de acordo com a necessidade e o interesse local, conforme disposto no art. 30, I e III, da Constituição Federal.

3. A iluminação pública é indispensável à segurança e ao bem estar da população local. Portanto, limitar a destinação dos recursos arrecadados com a contribuição ora em análise às despesas com a execução e manutenção significaria restringir as fontes de recursos que o Ente Municipal dispõe para prestar adequadamente o serviço público.

4. Diante da complexidade e da dinâmica características do serviço de iluminação pública, é legítimo que a contribuição destinada ao seu custeio inclua também as despesas relativas à expansão da rede, a fim de atender as novas demandas oriundas do crescimento urbano, bem como o seu melhoramento, para ajustar-se às necessidades da população local.

5. Recurso Extraordinário a que se dá provimento. Fixada a seguinte tese de repercussão geral: 'É constitucional a aplicação dos recursos arrecadados por meio de contribuição para o custeio da iluminação pública na expansão e aprimoramento da rede'.[51]

O recurso extraordinário foi formalizado contra acórdão mediante o qual a 5ª Câmara de Direito Público do TJ/SP, ao negar provimento à Apelação nº 959.901-5/9-00, havia assentado que a COSIP, instituída no Município de São José do Rio Preto/SP por meio da Lei Complementar nº 157/2002, não poderia ser destinada ao melhoramento e à expansão da rede, mas somente às despesas com a instalação e a manutenção do serviço.

Segundo concluiu o Colegiado de origem, o investimento em aperfeiçoamento e na ampliação não estaria incluído no conceito de custeio do serviço de iluminação pública previsto no art. 149-A da CF/1988.[52]

O entendimento do TJ/SP não prevaleceu. Conforme o voto do Min. Alexandre de Moraes, não se vislumbrou a intenção de o constituinte limitar a expressão "custeio do serviço de iluminação pública" apenas às despesas de sua execução e manutenção. Ao revés: o

---

[51] Plenário, Rel. Min. Marco Aurélio, redator do Acórdão Min. Alexandre de Moraes, j. 18 ago. 2020.

[52] STF. Recurso Extraordinário nº 666.404 – São Paulo, relatório, fl. 03 do Acórdão.

constituinte teria deixado margem a que o legislador municipal pudesse instituir a COSIP de acordo com a necessidade e o interesse local.[53]

Entendeu o Min. Alexandre de Moraes que a iluminação pública seria serviço complexo e indispensável à segurança e ao bem estar da população local:

> Neste sentido, limitar o uso dos recursos advindos da contribuição para o serviço de iluminação pública às despesas com a execução e manutenção do serviço implica restringir os meios de que o Ente Municipal dispõe para acompanhar a dinâmica que a prestação do serviço exige. Verifico, portanto, que diante da complexidade e dinâmica características do serviço de iluminação pública, é necessário que a contribuição destinada ao seu custeio inclua também as despesas relativas à expansão da rede, a fim de atender às novas demandas oriundas do crescimento urbano, bem como o seu melhoramento, para ajustar-se às necessidades da população local.[54]

Na mesma linha foi o voto do Min. Gilmar Mendes, para quem a interpretação do art. 149-A da CF/1988 também deveria se referir a noção mais abrangente, que corresponderia à retribuição pelo serviço de energia elétrica prestado indistintamente a uma determinada coletividade.

Assim, a expressão *custeio*, utilizada no texto constitucional, deveria dizer respeito a todas as despesas destinadas ao oferecimento do serviço pela Municipalidade, de modo a abarcar o maior universo possível de cidadãos – sobretudo por tratar-se de serviço essencial – e com a melhor qualidade possível:[55]

> Nesses termos, além das ações necessárias para a implementação e a manutenção do serviço, a melhoria e a expansão da rede também se mostram fundamentais à prestação ampla e eficiente da iluminação pública a toda a comunidade.

> A alegada oneração da contribuição para os destinatários da exação justifica-se para que sejam providas todas as etapas do fornecimento do referido serviço essencial, tendo em vista os interesses da coletividade geral que, nesse caso, se sobrepõem ao mero interesse particular.[56]

---

[53] STF. Recurso Extraordinário nº 666.404 – São Paulo, fl. 19.
[54] STF. Recurso Extraordinário nº 666.404 – São Paulo, fls. 19-20.
[55] STF. Recurso Extraordinário nº 666.404 – São Paulo, fl. 33.
[56] STF. Recurso Extraordinário nº 666.404 – São Paulo, fl. 33.

Este precedente é importante para se trazer certeza jurídica a respeito dos limites de aplicação dos recursos da COSIP para fins de expansão da rede de iluminação pública, em prol da população atendida. Há mais uma consolidação, portanto, que ajuda diretamente nas discussões a respeito das modelagens setoriais e da evolução dos serviços ao longo do tempo.

Ainda, são importantes movimentos institucionais complementares, que viabilizem tanto novos projetos quanto o apoio a concessionárias que promovam a sua execução. Um deles se deu recentemente, por meio de publicação de portaria que enquadra o setor de iluminação pública como prioritário para fins de emissão de debêntures de infraestrutura. Antes disso, porém, apresento aspectos de condições atuais de financiamento para projetos setoriais.

3.5 Financiamento e algumas condições atuais

As estruturações, licitações e assinaturas de contrato de iluminação pública fizeram com que houvesse movimento de viabilização de linhas de financiamento setoriais. Como exemplo, as condições indicativas para eventual apoio financeiro do BNDES à SPE constituída para a PPP de modernização e gestão do parque de iluminação pública do Município de Teresina, objeto do Edital de Concorrência nº 001/2019, são as seguintes:[57]

---

[57] BRASIL. BNDES – Banco Nacional do Desenvolvimento. *PPP de modernização de iluminação pública do município de Teresina – condições indicativas para apoio financeiro do BNDES*. Disponível em: https://www.bndes.gov.br/wps/portal/site/home/financiamento/produto/leiloes-infraestrutura/ppp-iluminacao-teresina. Acesso em 23 fev. 2021. Condições semelhantes foram divulgadas pelo BNDES para apoio financeiro às PPPs de Vila Velha/ES e de Porto Alegre/RS. Elas estão disponíveis, respectivamente, em: BRASIL. BNDES – Banco Nacional do Desenvolvimento. *PPP de modernização de iluminação pública do município de Vila Velha (ES)*. Disponível em: https://www.bndes.gov.br/wps/portal/site/home/financiamento/produto/leiloes-infraestrutura/ppp-iluminacao-vila-velha. Acesso em 23 fev. 2021; e BRASIL. BNDES – Banco Nacional do Desenvolvimento. *PPP de modernização de iluminação pública do município de Porto Alegre – condições indicativas para apoio financeiro do BNDES*. Disponível em: https://www.bndes.gov.br/wps/portal/site/home/financiamento/produto/leiloes-infraestrutura/ppp-iluminacao-porto-alegre. Acesso em 23 fev. 2021.

Condições de apoio financeiro do BNDES	
PPP de iluminação pública do Município de Teresina/PI	
Itens financiáveis	São financiáveis itens como: • estudos e projetos, inclusive diagnóstico energético; • obras civis, montagens e instalações; • aquisição de materiais permanentes; • aquisição de máquinas e equipamentos novos credenciados no BNDES; • aquisição de software nacional de fornecedor credenciado junto ao BNDES; • serviços técnicos especializados (consultorias e certificações); • demais serviços técnicos especializados; • treinamento (capacitação técnica e gerencial).
Condições de Financiamento	Apoio direto (solicitação feita diretamente ao BNDES). Nas operações diretas, a Taxa de juros é composta pelo Custo Financeiro, pela Remuneração do BNDES e pela Taxa de risco de crédito. Custo financeiro: Taxa de Longo Prazo – TLP[58] + Remuneração do BNDES 0,9% ao ano + Taxa de risco de crédito Conforme risco de crédito da operação, até 3,16% a.a.

---

[58] Informações sobre a TLP disponíveis em: BRASIL. BNDES – Banco Nacional do Desenvolvimento. *Taxa de longo prazo – TLP*. Disponível em: https://www.bndes.gov.br/wps/portal/site/home/financiamento/guia/custos-financeiros/tlp-taxa-de-longo-prazo/!ut/p/z1/vVTBctowFPyWHHwUEkgmdm8u4-ISMwQICfaFEbZsq7UlRZYh6ddXUA5tCmQ6malP0tM-vd3VjmEK1zAVdMdLargUtLb7JB1ubufjURSQfjwLZwM0H8e-Pw6k_wWPswqcjAF34AgTT3_vHcd_2r7z7-dKL8GxE4CNMYZoJo0wFk63IWbvhojXc-dNmRgYMq2TAHFVxQkXHaMGFk66Cy4xT8UXRQ1rX27FRlXB9wplbA0BcKcgZqKUo-JlKY_5GGqyngOEy_ffoR4BPgUUUAGuQ98RocAD3HuYZy7ReGdVF6xIb1uwuQ9G6zPA-z0dTUtLi5oKcFFIuK4ZryVrDztNWWt0ZzpN4VopBXjdNVZoRiUwTLPWri3N9Dho4sW-jyCcoRl8WLgruHxY4JBOMloMTIPbvwojMUDz7ikMURKPYJeFdf-zjE-CKlsR6cXvRiwm-BTzvO9nAlpG5sgpb_aHX07gT3gxOuX_-5_8Hr37z131mxb82_PT-ngQ2-FIa9GLj-j8k_H7V LaKumrOX2168gEFvs2T7NChs53eu0LVfGqPaTgxy03-97RyG9Uu56W20ryhJRUpuDnJYb dlaUhWiZd4fF-cRbwIXEnyFVydYa-pYLVM2q8fArSBPwfeHtH4qqbDbTELv1Li6mxk2Cm 5ufIHCcjQ!!/dz/d5/L2dBISEvZ0FBIS9nQSEh/. Acesso em 23 fev. 2021).

Condições de apoio financeiro do BNDES	
PPP de iluminação pública do Município de Teresina/PI	
Participação do BNDES	Será de até 70% do valor total do investimento ou 100% dos itens financiáveis, o que for menor. Embora a linha BNDES Finem – Meio Ambiente – Eficiência Energética permita a alavancagem máxima de 80%, a participação do BNDES ficará limitada a 70%, conforme o estabelecido no art. 27 da Lei Federal de PPPs.[59]
Prazos	O prazo total é determinado em função da capacidade de pagamento do empreendimento, do cliente e do grupo econômico, limitado a 20 anos. O período de carência coincidirá com o prazo de implantação do projeto, conforme o cronograma estabelecido no edital, cabendo esclarecer que haverá cobrança de juros trimestrais neste período.

---

[59] Lei Federal de PPPs, art. 27. "As operações de crédito efetuadas por empresas públicas ou sociedades de economia mista controladas pela União não poderão exceder a 70% (setenta por cento) do total das fontes de recursos financeiros da sociedade de propósito específico, sendo que para as áreas das regiões Norte, Nordeste e Centro-Oeste, onde o Índice de Desenvolvimento Humano – IDH seja inferior à média nacional, essa participação não poderá exceder a 80% (oitenta por cento). §1º Não poderão exceder a 80% (oitenta por cento) do total das fontes de recursos financeiros da sociedade de propósito específico ou 90% (noventa por cento) nas áreas das regiões Norte, Nordeste e Centro-Oeste, onde o Índice de Desenvolvimento Humano – IDH seja inferior à média nacional, as operações de crédito ou contribuições de capital realizadas cumulativamente por: I – entidades fechadas de previdência complementar; II – empresas públicas ou sociedades de economia mista controladas pela União. §2º Para fins do disposto neste artigo, entende-se por fonte de recursos financeiros as operações de crédito e contribuições de capital à sociedade de propósito específico".

Condições de apoio financeiro do BNDES	
PPP de iluminação pública do Município de Teresina/PI	
Garantias	O saldo devedor deverá ser garantido, alternativa ou cumulativamente, por fiança bancária, garantias reais, garantias pessoais, outras garantias corporativas, conforme as normas aplicáveis do BNDES. A estrutura de garantias poderá ser diferente nos períodos de implantação e após a implantação integral do projeto, desde que assegurem o pagamento das prestações de principal e acessórios vencíveis em cada período do apoio financeiro. A avaliação da estrutura de garantias, pré e pós implantação do projeto, será realizada na fase de análise da operação. As condições para a substituição integral ou parcial das garantias constarão no contrato de financiamento. Serão exigidos ao longo de todo o período do financiamento: (i) aporte de, no mínimo, 20% de capital próprio (*Equity*); (ii) manutenção de Índice de Cobertura do Serviço da Dívida (ICSD) ≥ 1,3, sem prejuízo de aplicação de outros *covenants* financeiros, calculado da seguinte fórmula: Índice de Cobertura do Serviço da Dívida (ICSD) = (A) / (B), em que: (A) Geração de Caixa: (+) EBITDA ajustado[60] (-) Imposto de Renda Pago (-) Contribuição Social Pago (B) Serviço da Dívida: (+) Amortização de Principal (+) Pagamento de Juros

Fonte: elaboração própria.[61]

---

[60] EBITDA ajustado: eliminando a receita de atualização do ativo financeiro e acrescentando a amortização do ativo financeiro.

[61] Dados extraídos de: BRASIL. BNDES – Banco Nacional do Desenvolvimento. *PPP de modernização de iluminação pública do município de Teresina – condições indicativas para apoio financeiro do BNDES*. Disponível em: https://www.bndes.gov.br/wps/portal/site/home/financiamento/produto/leiloes-infraestrutura/ppp-iluminacao-teresina. Acesso em 23 fev. 2021.

Adicionalmente, o BDMG Minas já viabilizou financiamento de cerca de R$15 milhões para a concessionária que tem o contrato de PPP celebrado com o Município de Ribeirão das Neves/MG. A informação é a de que a primeira de quatro parcelas foi liberada no mês de janeiro/2021, e esta primeira operação poderá servir de modelo para outros projetos semelhantes do próprio BDMG.[62]

Conforme veiculado, "o Parque de Iluminação pública de Ribeirão das Neves é composto atualmente por 27.231 unidades de iluminação pública, sendo que [já] houve atuação em 19.114 pontos [...], o que representa o equivalente a 70% do total. A taxa de falha também foi reduzida de 15,30% em dezembro de 2019 para 2,70% em dezembro de 2020, o que significa melhoria de 82% na prestação do serviço".[63]

Finalmente, há produtos específicos para as Municipalidades. Como exemplo, há notícia de que a CEF fechou contrato de financiamento com o Município de Dracena/SP, que iria utilizar R$2 milhões para substituir lâmpadas convencionais das principais ruas, avenidas e praças da cidade por luminárias com tecnologia LED. O programa da CEF oferece taxas de juros de 4,5% ao ano, mais CDI, e 72 meses para pagar, com 12 de carência. Os Municípios interessados em captar os recursos poderão oferecer como garantia o repasse do FPM.[64]

3.6 Financiamento de projetos e as debêntures de infraestrutura

Em 12 de fevereiro de 2021, foi publicada a Portaria MDR nº 265, que regulamenta os requisitos e procedimentos para aprovação e acompanhamento de projetos de investimento considerados como prioritários na área de infraestrutura para o setor de iluminação pública,

---

[62] Cf. IP Minas obtém R$15,5 milhões em recursos via BDMG. *Procel Info*, 28 jan. 2021. Disponível em: http://www.procel.gov.br/main.asp?View=%7BF5EAADD6-CCB0-4E29-A0C4-482D3 D66BB65%7D&Team=&params=itemID=%7B850653B8-CB8C-49A2-B33C-CE32BA791859 %7D;&UIPartUID=%7BD90F22DB-05D4-4644-A8F2-FAD4803C8898%7D. Acesso em 23 fev. 2021.

[63] Cf. IP Minas obtém R$15,5 milhões em recursos via BDMG. *Procel Info*, 28 jan. 2021. Disponível em: http://www.procel.gov.br/main.asp?View=%7BF5EAADD6-CCB0-4E29-A0C4-482D3 D66BB65%7D&Team=&params=itemID=%7B850653B8-CB8C-49A2-B33C-CE32BA791859 %7D;&UIPartUID=%7BD90F22DB-05D4-4644-A8F2-FAD4803C8898%7D. Acesso em 23 fev. 2021.

[64] Cf. Caixa Ilumina fecha primeiro contrato. *Caixa notícias*, 02 jul. 2019. Disponível em: https://caixanoticias.caixa.gov.br/noticia/19280/caixa-ilumina-fecha-primeiro-contrato. Acesso em 23 fev. 2021.

para efeito do disposto no art. 2º da Lei nº 12.431, de 24 de junho de 2011,[65] bem como no Decreto nº 8.874, de 11 de outubro de 2016.[66]

Serão passíveis de aprovação como prioritários aqueles que tenham como objetivo a implantação, a ampliação, a manutenção, a recuperação, a adequação ou a modernização de projetos de infraestrutura no setor de iluminação pública (art. 1º, parágrafo único, da Portaria MDR nº 265).

Os projetos de investimento em infraestrutura do setor de iluminação pública deverão ser submetidos ao MDR, para obtenção da aprovação como prioritários, por pessoas jurídicas, constituídas sob a forma de sociedades por ações, concessionárias de serviços de iluminação pública, ou, ainda, por suas sociedades controladoras (art. 2º da Portaria MDR nº 265). A submissão deverá ser individual para cada projeto de investimento a ser financiado, no todo ou em parte, com os recursos oriundos da emissão de debêntures e/ou de FIDCs e/ou de CRIs (art. 2º, §2º, da Portaria MDR nº 265).

Para aprovação do enquadramento de projeto de investimento como prioritário na área de infraestrutura para o setor de iluminação pública, o empreendimento deverá se encaixar nas seguintes modalidades (item 3.1 do anexo da Portaria MDR nº 265): (i) expansão e/ou modernização: execução de obras e serviços de engenharia necessários à expansão e/ou atualização da tecnologia de iluminação pública e/ou outras melhorias na infraestrutura da rede de iluminação pública; (ii) operação e/ou manutenção: implementação de serviços de operação e manutenção, como a instalação de Centro de Controle Operacional – CCO e gerenciamento remoto.

---

[65] Art. 2º. "No caso de debêntures emitidas por sociedade de propósito específico, constituída sob a forma de sociedade por ações, dos certificados de recebíveis imobiliários e de cotas de emissão de fundo de investimento em direitos creditórios, constituídos sob a forma de condomínio fechado, relacionados à captação de recursos com vistas em implementar projetos de investimento na área de infraestrutura, ou de produção econômica intensiva em pesquisa, desenvolvimento e inovação, considerados como prioritários na forma regulamentada pelo Poder Executivo federal, os rendimentos auferidos por pessoas físicas ou jurídicas residentes ou domiciliadas no País sujeitam-se à incidência do imposto sobre a renda, exclusivamente na fonte, às seguintes alíquotas: I – 0% (zero por cento), quando auferidos por pessoa física; e II – 15% (quinze por cento), quando auferidos por pessoa jurídica tributada com base no lucro real, presumido ou arbitrado, pessoa jurídica isenta ou optante pelo Regime Especial Unificado de Arrecadação de Tributos e Contribuições devidos pelas Microempresas e Empresas de Pequeno Porte (Simples Nacional)".

[66] O Decreto nº 8.874, de 11 de outubro de 2016, regulamenta as condições para aprovação dos projetos de investimento considerados como prioritários na área de infraestrutura ou de produção econômica intensiva em pesquisa, desenvolvimento e inovação, para efeito do disposto no art. 2º da Lei nº 12.431, de 24 de junho de 2011.

Os projetos poderão prever, ainda (item 3.2 do anexo da Portaria MDR n° 265): (i) a elaboração de estudos e projetos técnicos de engenharia; (ii) ações relativas à infraestrutura necessária à implementação de iniciativas voltadas para a promoção da eficiência energética; (iii) ações de capacitação técnica do Poder Concedente e/ou da concessionária, para fins de aperfeiçoamento das práticas inerentes ao cumprimento do projeto; (iv) a elaboração de estudos de avaliação do impacto das externalidades do projeto; (v) investimentos em elementos de cidades inteligentes.

As propostas apresentadas para fins de enquadramento poderão prever a alocação dos recursos captados para pagamento futuro ou reembolso de gastos, despesas ou dívidas, relacionados aos projetos de investimento prioritários (item 3.4.1 do anexo da Portaria MDR n° 265). Ressalte-se que gastos, despesas ou dívidas passíveis de reembolso deverão ter ocorrido em prazo igual ou inferior a 24 meses da data do encerramento da oferta pública (item 3.4.2 do anexo da Portaria MDR n° 265).

Para cadastramento de proposta de projeto prioritário no setor de iluminação pública, o interessado deverá enviar, por meio eletrônico, ofício à SMDRU, solicitando a aprovação do enquadramento prioritário (item 4.1 do anexo da Portaria MDR n° 265). A documentação técnica a ser apresentada deve incluir (item 4.1.1 do anexo da Portaria MDR n° 265): (i) carta-consulta – formulário para cadastro de projeto; (ii) quadro de usos e fontes; (iii) quadro de composição acionária do titular do projeto; (iv) cópia do contrato de concessão; (v) outros documentos e informações que a requerente julgue importantes para caracterização dos benefícios a serem gerados pela implementação do projeto.

Adicionalmente à documentação técnica, o titular do projeto deverá encaminhar a seguinte documentação institucional (item 4.2 do anexo da Portaria MDR n° 265): (i) comprovante de inscrição e de situação cadastral no Cadastro Nacional da Pessoa Jurídica (CNPJ) emitido online no sítio eletrônico da Receita Federal; (ii) quadro de Sócios e Administradores (QSA) emitido online no sítio eletrônico da Receita Federal; (iii) relação das pessoas jurídicas que integram a concessionária, com a indicação de seus respectivos números de inscrição no CNPJ; (iv) certidão Conjunta Negativa de Débitos ou Certidão Conjunta Positiva com Efeitos de Negativa relativos a tributos federais e à Dívida Ativa da União da concessionária; (v) cópia do contrato social ou estatuto social da concessionária, arquivado na Junta Comercial competente.[67]

O pleito deverá ser individualizado para cada projeto de investimento a ser financiado, no todo ou em parte, com a emissão de debêntures e/ou FIDCs e/CRIs (item 4.3 do anexo da Portaria MDR nº 265). No pleito, deverá constar, obrigatoriamente, o instrumento financeiro a ser utilizado e a identificação da pessoa jurídica que o emitirá.

Na hipótese de o titular do projeto apresentar pleito que compreenda ações em mais de um município, deverão ser encaminhados carta-consulta e quadro de usos e fontes da proposta consolidada, detalhando a lista dos Municípios beneficiados com as principais intervenções previstas e valores para cada um deles, bem como encaminhada toda a documentação técnica relativamente a cada município beneficiado (item 4.5 do anexo da Portaria MDR nº 265).

Para enquadramento de projeto de investimento como prioritário na área de infraestrutura para o setor de iluminação pública, a SMDRU, como órgão competente, deverá verificar (item 5.1 do anexo da Portaria MDR nº 265):

i) a caracterização da proposta, em especial, no que couber, a situação de regularidade da prestação do serviço de iluminação pública;
ii) o enquadramento dos empreendimentos contemplados na proposta nas modalidades adequadas;
iii) o atendimento às exigências referentes à apresentação da documentação técnica e da documentação institucional.

Constatada qualquer desconformidade na documentação apresentada, a pessoa jurídica requerente será notificada pela SMDRU para regularizar as pendências no prazo de 30 dias corridos, contados do recebimento da notificação, sob pena de arquivamento do projeto de investimento (item 5.2 do anexo da Portaria MDR nº 265). Ainda, se o fizer necessário para esclarecimento de aspectos técnicos dos empreendimentos, a SMDRU poderá solicitar a realização de reunião técnica e/ou a apresentação de estudos ou outros documentos (item 5.2.1 do anexo da Portaria MDR nº 265).

---

[67] Quando o Titular do Projeto for a sociedade controladora da concessionária, deverá ser encaminhada a documentação constante nas alíneas "a" e "e" relativa à concessionária e ao titular do projeto (item 4.2.1 do anexo da Portaria MDR nº 265).

Verificadas as adequações concernentes às condições e esclarecidos eventuais aspectos técnicos dos empreendimentos, a SMDRU formalizará o enquadramento mediante elaboração de minuta de portaria de aprovação e emissão de parecer conclusivo, recomendando a aprovação do projeto de investimento contemplado na proposta como prioritário na área de infraestrutura para o setor de iluminação pública (item 5.3 do anexo da Portaria MDR nº 265). Contudo, na hipótese de não enquadramento, a SMDRU notificará a pessoa jurídica titular do projeto, por meio eletrônico, para informação de forma justificada, e ordenará o arquivamento do processo administrativo (item 5.3.1 do anexo da Portaria MDR nº 265).

A proposta enquadrada pela SMDRU deverá ser encaminhada à Consultoria Jurídica, para análise e manifestação acerca dos aspectos jurídico-formais da minuta de portaria a ser editada pelo MDR (item 6.1 do anexo da Portaria MDR nº 265). No caso de manifestação contrária ou com ressalvas, o processo deverá ser restituído à SMDRU para as providências cabíveis; no caso de manifestação favorável e sem ressalvas, o processo seguirá ao Ministro do Desenvolvimento Regional, para análise e deliberação quanto à edição da portaria de aprovação.

O projeto será considerado aprovado como prioritário mediante publicação, no DOU, de portaria do MDR, na qual constará, no mínimo (item 6.2 do anexo da Portaria MDR nº 265): (i) nome empresarial e número de inscrição no CNPJ do titular do projeto; (ii) descrição do projeto, com a especificação de que se enquadra no setor de iluminação pública; (iii) a(s) modalidade(s) de iluminação pública contemplada(s); (iv) o(s) local(is) de implantação do projeto; (v) prazo previsto para implantação; (vi) máximo enquadrado, que não deve ultrapassar o valor dos investimentos declarados na carta-consulta; (vii) outras informações que se entender como necessárias.

O titular do projeto deverá encaminhar, anualmente, ao MDR, até 30 de abril do exercício subsequente, o quadro informativo anual de usos e fontes do projeto, destacando a destinação específica dos recursos captados (item 7.1 do anexo da Portaria MDR nº 265). Além disso, o titular do projeto deverá enviar ao MDR, até 30 de abril do exercício subsequente, relatório de acompanhamento do projeto, contendo descritivo da evolução da execução do empreendimento, com registro fotográfico, principais intervenções e quantitativos executados, entraves que dificultaram ou enfrentamentos que serão necessários para o adequado andamento do projeto, no que tange a questões ambientais, de titularidade de área, processos licitatórios, pendências jurídicas e de concessão, dentre outras (item 7.1.1 do anexo da Portaria MDR nº 265).

Em até 90 dias após a utilização de todo o valor captado no projeto de investimento, a pessoa jurídica titular deverá enviar relatório final de execução do projeto à SMDRU (item 7.2 do anexo da Portaria MDR nº 265). O titular do projeto deverá informar imediatamente à SMDRU a ocorrência da emissão das debêntures, dos certificados de recebíveis imobiliários ou das cotas do fundo de investimento em direitos creditórios, juntamente com o valor montante de cada emissão (item 7.4 do anexo da Portaria MDR nº 265).

O titular do projeto deverá informar à SMDRU, no prazo máximo de 60 dias, toda e qualquer alteração na implementação do projeto, inclusive alterações quanto ao prazo de execução ou desistência (item 7.5 do anexo da Portaria MDR nº 265). Caso o contrato termine antecipadamente, o MDR deverá publicar portaria comunicando que o respectivo projeto perdeu o status de projeto prioritário (item 7.6 do anexo da Portaria MDR nº 265).

O titular do projeto deverá manter a documentação relativa à utilização dos recursos captados até 5 (cinco) anos, a contar da data do vencimento das debêntures, dos CRI emitidos e/ou do encerramento do FIDC, para consulta e fiscalização dos órgãos de controle (item 7.7 do anexo da Portaria MDR nº 265). No caso em que o vencimento das debêntures e/ou dos CRI emitidos ou do encerramento do FIDC for anterior ao prazo de conclusão do projeto, o titular do projeto deverá manter a documentação pelo prazo de 5 (cinco) anos após a conclusão do empreendimento (item 7.7.1 do anexo da Portaria MDR nº 265).

O prazo da prioridade concedida é de 1 ano, devendo o titular do projeto que não realizar a emissão das debêntures ou do CRI, ou a instituição do FIDC formalizar à SMDRU os motivos da não realização (item 7.9 do anexo da Portaria MDR nº 265).

Caso a emissão não ocorra no prazo de prioridade concedida pela portaria de aprovação do projeto de investimento, e o titular do projeto tenha interesse na emissão, este deverá solicitar à SMDRU, previamente ao vencimento do prazo de prioridade, a sua prorrogação, justificando os motivos de tal solicitação e informando o cronograma previsto para emissão (item 7.9.1 do anexo da Portaria MDR nº 265).

A solicitação de prorrogação do prazo de prioridade só é permitida uma única vez por prazo de até um ano (item 7.9.2 do anexo da Portaria MDR nº 265).

3.7 Conclusão

Novos projetos precisam continuar a ser desenvolvidos, com o apoio direto de outras entidades da Administração Pública, a exemplo do BNDES e da CEF, ou por outras formas alternativas, tal como é o PMI. Em qualquer hipótese, há que se haver clareza em relação à execução completa do empreendimento, de seu nascimento à assinatura do contrato e posterior gestão, como verdadeira política de Estado.

Eventuais percalços que não tenham motivação clara e que coloquem aspectos de segurança jurídica em jogo terão efeitos deletérios amplos, incluindo o projeto, em si, mas a visão que se pode ter a respeito de determinada Municipalidade ou da maneira como negócios públicos-privados devem ser levados adiante. Clareza e seriedade, para ficarmos com duas expressões.

Bem por isso, o caminhar com aspectos institucionais relevantes e que podem ser vistos como boas medidas de apoio ao setor são importantes. A veiculação de ato normativo a respeito do reconhecimento da priorização do setor de iluminação pública, para fins de apoio a modelagens e para fins de enquadramento para a emissão de debêntures incentivadas, representam aspectos importantes dessa assertiva.

A utilização de recursos da COSIP é crucial para que haja segurança contratual, para amparar os pagamentos devidos à concessionária ao longo do tempo nas atividades não só de manutenção, mas de atualização e expansão dos parques de iluminação pública. Houve debate no STF a respeito do tema, que traz impactos positivos em contratos já celebrados e na estruturação de novos projetos setoriais, além da recente veiculação de portaria, pelo MDR, que se presta ao apoio do financiamento a empreendimentos setoriais.

Com isso, espera-se que o setor de iluminação pública continue a se desenvolver, a se aprimorar, paulatinamente, e a ganhar complexidade. Diversos Municípios poderão experimentar ganhos decorrentes da implementação de bons projetos e, especialmente, ganhos significativos de qualidade de vida podem ser experimentados.

Esses ganhos para os cidadãos, inclusive, e para aspectos mais amplos, como cuidados ambientais e de eficiência energética, poderiam integrar os estudos que justificam as modelagens, para fins do art. 10, I, "a", da Lei Federal de PPPs.

PPPs DE ILUMINAÇÃO PÚBLICA E RECEITA CORRENTE LÍQUIDA

4.1 Introdução

Os Poderes Públicos locais têm por necessidade viabilizar solução para a prestação dos serviços de iluminação pública. Esse fato decorre da publicação da Resolução ANEEL nº 414, por meio da qual se determinou que as distribuidoras de energia elétrica deveriam transferir os sistemas de iluminação pública por elas geridos aos Municípios, até a data de 31 de dezembro de 2014.

A despeito de a competência material para a prestação dos serviços ser dos Municípios, na prática, em inúmeros casos a sua prestação efetiva é (ou vinha sendo) realizada pelas distribuidoras de energia elétrica. Historicamente, essas atividades estiveram atribuídas a tais empresas em função, sobretudo, da proximidade das infraestruturas físicas necessárias para o desempenho de ambas.

Em decorrência das exigências estabelecidas na Resolução ANEEL nº 414, parcela das soluções adotadas pelos Municípios para a prestação dos serviços de iluminação pública tem se dado por meio da contratação de PPPs, em sua modalidade de concessão administrativa.[68] Em que pese a importância desses projetos e a sua pertinência para a responsabilidade atribuída aos Municípios, não se pode olvidar a complexidade inerente

---

[68] Art. 2º, §2º, da Lei Federal de PPPs. "Concessão administrativa é o contrato de prestação de serviços de que a Administração Pública seja a usuária direta ou indireta, ainda que envolva execução de obra ou fornecimento e instalação de bens".

à modelagem de concessões (*sobretudo de natureza orçamentária, no tema em análise no presente capítulo*).

O tema da responsabilidade fiscal, inerente à noção da RCL e aos limites de gastos e de constituição de despesas, tem sido objeto de intenso debate, a partir do início da discussão da prática de "pedaladas fiscais" no âmbito da Administração Pública Federal. Em linha com os aspectos abordados no presente trabalho, o aperfeiçoamento do orçamento público passa, necessariamente, pela análise da possibilidade de aplicação de recursos e de seus impactos nos entes federados.

Nesse contexto, aborda-se, aqui, a responsabilidade fiscal e a possibilidade de aprimoramento do orçamento dos Municípios e do Distrito Federal na contratação de PPPs. A celebração dessas avenças, a envolver dispêndio de recursos públicos, está sujeita à observância de condições prévias e limitações de natureza orçamentária e financeira para assunção de obrigações de pagamento pela Administração. Por se tratar de compromisso contratual de longo prazo, de até 35 anos de duração,[69] torna-se necessário projetar o fluxo de receitas futuras para verificar a sua suficiência em relação aos desembolsos programados no decorrer dos anos vindouros.

Além disso, existe limite anual de dispêndio para despesas de caráter continuado derivadas de contratos de PPP, aplicável aos Estados, ao Distrito Federal e aos Municípios, correspondente a 5% da RCL. Caso o limite seja ultrapassado em algum exercício, ou em relação às receitas projetadas nos próximos 10 (dez) anos, o ente público ficará impedido de receber transferências voluntárias da União, conforme o art. 28 da Lei Federal de PPPs:

> Art. 28. A União não poderá conceder garantia ou realizar transferência voluntária aos Estados, Distrito Federal e Municípios se a soma das despesas de caráter continuado derivadas do conjunto das parcerias já contratadas por esses entes tiver excedido, no ano anterior, a 5% (cinco por cento) da receita corrente líquida do exercício ou se as despesas anuais dos contratos vigentes nos 10 (dez) anos subsequentes excederem a 5% (cinco por cento) da receita corrente líquida projetada para os respectivos exercícios.

---

[69] Art. 5º da Lei Federal de PPPs. "As cláusulas dos contratos de parceria público-privada atenderão ao disposto no art. 23 da Lei nº 8.987, de 13 de fevereiro de 1995, no que couber, devendo também prever: I – o prazo de vigência do contrato, compatível com a amortização dos investimentos realizados, não inferior a 5, nem superior a 35 anos, incluindo eventual prorrogação".

§1º Os Estados, o Distrito Federal e os Municípios que contratarem empreendimentos por intermédio de parcerias público-privadas deverão encaminhar ao Senado Federal e à Secretaria do Tesouro Nacional, previamente à contratação, as informações necessárias para cumprimento do previsto no caput deste artigo.

§2º Na aplicação do limite previsto no caput deste artigo, serão computadas as despesas derivadas de contratos de parceria celebrados pela administração pública direta, autarquias, fundações públicas, empresas públicas, sociedades de economia mista e demais entidades controladas, direta ou indiretamente, pelo respectivo ente, excluídas as empresas estatais não dependentes.

No presente capítulo, introduzo alguns aspectos da RCL e sua aplicação para a contratação de PPPs, para, na sequência, apresentar a hipótese de que inexistiria impacto, para fins do cálculo do comprometimento previsto no art. 28 supracitado, decorrente de projetos custeados integralmente com recursos da COSIP. A interpretação que aqui adoto pode ser importante, inclusive, para que haja espaço fiscal para a contratação de PPPs nos setores, sobretudo em vista da vasta gama de soluções que precisam ser adotadas pelas Municipalidades para os mais diversos problemas. Finalmente, adentro nas razões específicas de ser do art. 28 da Lei Federal de PPPs e trago precedente do TCE-MS que corrobora a interpretação que aqui veiculo.

4.2 Aspectos da RCL e as PPPs

Nos termos da LRF, a RCL é definida como o "somatório das receitas tributárias, de contribuições, patrimoniais, industriais, agropecuárias, de serviços, transferências correntes e outras receitas também correntes" (art. 2º, IV).[70]

A noção da RCL é crucial para as contas públicas dos entes da federação. Isso porque é sobre ela que se assentam as bases para a verificação do cumprimento dos limites, por exemplo, de gastos com pessoal, da dívida consolidada líquida, das contratações de operações de crédito e de concessão de garantias. Ela será determinada somando-se as

---

[70] No caso dos Municípios, deverá ser deduzido o valor referente à contribuição dos servidores para o custeio do seu sistema de previdência e assistência social e as receitas provenientes da compensação financeira citada no art. 201, §9º, da CF/1988 (art. 2º, IV, "c", da LRF).

receitas arrecadadas no mês em referência e nos 11 anteriores, excluídas as duplicidades (art. 2º, §3º, da LRF).

As informações referentes à RCL são importantes para fins de preparação dos demonstrativos das PPPs, em linha com o Manual de Demonstrativos Fiscais da STN.[71] Dentre outras, as seguintes informações precisam ser destacadas:

i) do ente federado, exceto estatais não dependentes (I): registo de informações de despesas referentes aos contratos de PPP celebrados pela Administração Pública DIRETA, autarquias, fundações públicas e empresas estatais dependentes para apuração do limite estabelecido no art. 28 da Lei Federal de PPPs. Os contratos deverão ser relacionados individualmente, sendo identificados pelo nome da PPP;[72]

i.1) das empresas estatais não dependentes: registro de informações de despesa referentes aos contratos de PPP celebrados pelas empresas estatais não dependentes. Os contratos deverão ser relacionados individualmente, sendo identificados pelo nome da PPP;[73]

i.2) total das despesas: registro do total das despesas derivadas dos contratos das PPP celebrados pela Administração Pública direta e indireta, excluídas as empresas estatais não dependentes, conforme o art. 28, §2º, da Lei Federal de PPPs;[74]

---

[71] BRASIL. Secretaria do Tesouro Nacional. *Manual de Demonstrativos Fiscais* 9ª edição. *00.01.00 capa*. 21 fev. 2019. Disponível em: https://conteudo.tesouro.gov.br/manuais/index.php?option=com_content&view=article&id=3076:capa&catid=563&Itemid=675. Acesso em 19 fev. 2021.

[72] BRASIL. Secretaria do Tesouro Nacional. *Manual de Demonstrativos Fiscais* 9ª edição. *03.13.05.01 Estados, DF e Municípios (Tabela 13 – Demonstrativo das Parcerias Público Privadas)*. 20 dez. 2017. Disponível em: https://conteudo.tesouro.gov.br/manuais/index.php?option=com_content&view=article&id=1330:03-13-05-01-estados-df-e-municipios-tabela-13-demonstrativo-das-parcerias-publico-privadas&catid=670&Itemid=675. Acesso em 19 fev. 2021.

[73] BRASIL. Secretaria do Tesouro Nacional. *Manual de Demonstrativos Fiscais* 9ª edição. *03.13.05.01 Estados, DF e Municípios (Tabela 13 – Demonstrativo das Parcerias Público Privadas)*. 20 dez. 2017. Disponível em: https://conteudo.tesouro.gov.br/manuais/index.php?option=com_content&view=article&id=1330:03-13-05-01-estados-df-e-municipios-tabela-13-demonstrativo-das-parcerias-publico-privadas&catid=670&Itemid=675. Acesso em 19 fev. 2021.

[74] BRASIL. Secretaria do Tesouro Nacional. *Manual de Demonstrativos Fiscais* 9ª edição. *03.13.05.01 Estados, DF e Municípios (Tabela 13 – Demonstrativo das Parcerias Público Privadas)*. 20 dez. 2017. Disponível em: https://conteudo.tesouro.gov.br/manuais/index.php?option=com_content&view=article&id=1330:03-13-05-01-estados-df-e-municipios-tabela-13-demonstrativo-das-parcerias-publico-privadas&catid=670&Itemid=675. Acesso em 19 fev. 2021.

ii) PPPs a contratar (II): registro de valores estimados, das despesas derivadas dos contratos futuros de PPP. Tem como objetivo verificar o impacto das contratações no limite estabelecido pelo art. 28 da Lei Federal de PPPs;[75]

iii) RCL (III): registro da RCL do ano anterior e as projeções para os anos seguintes. Na projeção da RCL para os outros exercícios, deve ser utilizada taxa divulgada pela STN no Manual de Instrução de Pleitos, aplicável aos procedimentos para contratação de operação de crédito;[76]

iv) total das despesas consideradas para o limite (IV = I + II): registro da soma de despesas contratadas e a contratar, exceto as empresas estatais não dependentes, para acompanhamento do limite estabelecido no art. 28 da Lei Federal de PPPs e das futuras contratações;[77]

v) total das despesas / RCL (%) (V) = (IV) / (III): finalmente, há o registro dos percentuais do total das despesas anuais sobre a RCL.[78]

O quadro exemplificativo divulgado pela STN para registro das informações é o seguinte:[79]

---

[75] BRASIL. Secretaria do Tesouro Nacional. Manual de Demonstrativos Fiscais 9ª edição. 03.13.05.01 *Estados, DF e Municípios (Tabela 13 – Demonstrativo das Parcerias Público Privadas)*. 20 dez. 2017. Disponível em: https://conteudo.tesouro.gov.br/manuais/index.php?option=com_content&view=article&id=1330:03-13-05-01-estados-df-e-municipios-tabela-13-demonstrativo-das-parcerias-publico-privadas&catid=670&Itemid=675. Acesso em 19 fev. 2021.

[76] BRASIL. Secretaria do Tesouro Nacional. Manual de Demonstrativos Fiscais 9ª edição. 03.13.05.01 *Estados, DF e Municípios (Tabela 13 – Demonstrativo das Parcerias Público Privadas)*. 20 dez. 2017. Disponível em: https://conteudo.tesouro.gov.br/manuais/index.php?option=com_content&view=article&id=1330:03-13-05-01-estados-df-e-municipios-tabela-13-demonstrativo-das-parcerias-publico-privadas&catid=670&Itemid=675. Acesso em 19 fev. 2021.

[77] BRASIL. Secretaria do Tesouro Nacional. Manual de Demonstrativos Fiscais 9ª edição. 03.13.05.01 *Estados, DF e Municípios (Tabela 13 – Demonstrativo das Parcerias Público Privadas)*. 20 dez. 2017. Disponível em: https://conteudo.tesouro.gov.br/manuais/index.php?option=com_content&view=article&id=1330:03-13-05-01-estados-df-e-municipios-tabela-13-demonstrativo-das-parcerias-publico-privadas&catid=670&Itemid=675. Acesso em 19 fev. 2021.

[78] BRASIL. Secretaria do Tesouro Nacional. Manual de Demonstrativos Fiscais 9ª edição. 03.13.05.01 *Estados, DF e Municípios (Tabela 13 – Demonstrativo das Parcerias Público Privadas)*. 20 dez. 2017. Disponível em: https://conteudo.tesouro.gov.br/manuais/index.php?option=com_content&view=article&id=1330:03-13-05-01-estados-df-e-municipios-tabela-13-demonstrativo-das-parcerias-publico-privadas&catid=670&Itemid=675. Acesso em 19 fev. 2021.

[79] BRASIL. Secretaria do Tesouro Nacional. Manual de Demonstrativos Fiscais 9ª edição. 03.13.05.01 *Estados, DF e Municípios (Tabela 13 – Demonstrativo das Parcerias Público*

<ENTE DA FEDERAÇÃO>
RELATÓRIO RESUMIDO DA EXECUÇÃO ORÇAMENTÁRIA
DEMONSTRATIVO DAS PARCERIAS PÚBLICO-PRIVADAS
ORÇAMENTOS FISCAL E DA SEGURIDADE SOCIAL
<PERÍODO DE REFERÊNCIA>

RREO - Anexo 13 (Lei nº 11.079, de 30.12.2004, arts. 22, 25 e 28)   Em reais

IMPACTOS DAS CONTRATAÇÕES DE PPP	SALDO TOTAL EM 31 DE DEZEMBRO DO EXERCÍCIO ANTERIOR	REGISTROS EFETUADOS EM <EXERCÍCIO>	
		No bimestre	Até o Bimestre
TOTAL DE ATIVOS			
Ativos Constituídos pela SPE			
TOTAL DE PASSIVOS			
Obrigações decorrentes de Ativos Constituídos pela SPE			
Provisões da PPP			
Outros Passivos			
ATOS POTENCIAIS PASSIVOS			
Obrigações Contratuais			
Riscos não Provisionados			
Garantias Concedidas			
Outros Passivos Contingentes			

DESPESAS DE PPP	EXERCÍCIO ANTERIOR	EXERCÍCIO CORRENTE	<EC + 1>	<EC + 2>	<EC + 3>	<EC + 4>	<EC + 5>	<EC + 6>	<EC + 7>	<EC + 8>	<EC + 9>
Do Ente Federado, exceto estatais não dependentes (I)											
Das Estatais Não-Dependentes											
...											
TOTAL DAS DESPESAS											
PPP A CONTRATAR (II)											
RECEITA CORRENTE LÍQUIDA (RCL) (III)											
TOTAL DAS DESPESAS CONSIDERADAS PARA O LIMITE (IV = I + II)											
TOTAL DAS DESPESAS / RCL (%) (V = IV / III)											

FONTE: Sistema <sistema>, Unidade Responsável: <Unidade Responsável>. Emissão: <dd/mm/aaaa>, às <hh:mm:ss>. Assinado Digitalmente no dia <dd/mm/aaaa>, às <hh:mm:ss>.
NOTA:

4.3 A hipótese levantada: ausência de impactos, para fins do cálculo do comprometimento de RCL, decorrentes de PPPs custeadas integralmente com recursos da COSIP

Não obstante a importância das informações citadas, cruciais para fins de cumprimento de regras fiscal-orçamentárias relativas a PPPs, trago aqui argumentação bastante específica: a de que os dispêndios relativos às PPPs que tenham como objeto a prestação de serviços de iluminação pública, custeadas integralmente com recursos advindos da arrecadação da COSIP, não deveriam impactar o limite de RCL das Municipalidades passível de ser comprometido com contratos dessa natureza.

É sobre o valor total da RCL que é determinado o teto concernente ao limite de dispêndios passíveis de serem realizados com a contratação de PPPs, nos termos do art. 28 da Lei Federal de PPPs. Em vista dessa disposição, Estados, Distrito Federal e Municípios devem estar atentos ao seu valor total de RCL, vis a vis o volume total de recursos que serão

Privadas). 20 dez. 2017. Disponível em: https://conteudo.tesouro.gov.br/manuais/index.php?option=com_content&view=article&id=1330:03-13-05-01-estados-df-e-municipios-tabela-13-demonstrativo-das-parcerias-publico-privadas&catid=670&Itemid=675. Acesso em 19 fev. 2021.

comprometidos com as contraprestações pecuniárias decorrentes das PPPs, sob pena de não receber garantias ou transferências voluntárias da União.

Doutro lado, os recursos da COSIP parecem se comportar de forma peculiar. Não têm o condão de custear qualquer despesa do Municipal, atender, indiscriminadamente, a uma gama diversa de interesses locais. A sua finalidade, por expressa determinação constitucional (art. 149-A) é, única e exclusivamente: custear os serviços de iluminação, de forma que a sua aplicação não impacte as demais atividades que devem ser exercidas pelas Municipalidades.

Assim, do ponto de vista da RCL (e tendo em vista a contratação de PPPs), esse tributo possui característica atípica. Como pertinente à noção de "receita tributária", deve ser enquadrado no rol de valores que compõem a RCL. Por outro lado – e esta é a hipótese que defendo –, ele já é vinculado a determinada atividade (*i.e., ao custeio da iluminação pública*), de maneira que a sua utilização (*no objeto de nossa análise, para o custeio de projetos de PPPs*) não deveria ter o condão de comprometer o orçamento das Municipalidades, notadamente no que diz respeito ao limite de despesas com a contratação de PPPs, para fins do art. 28 em comento.

Essa interpretação, apesar de contrária à literalidade do texto do referido dispositivo legal, é aquela que, em minha visão, mais bem prestigia a natureza dos recursos da COSIP e a possibilidade de ampliação de investimentos pelas Municipalidades e pelo Distrito Federal.

4.4 A importância do tema para as Municipalidades: adoção de soluções para distintas atividades que poderiam ser realizadas por meio de PPPs

O ponto permite que o orçamento de Municipalidades seja aperfeiçoado, pois seria apto a consolidar a prática de que a utilização de recursos oriundos da referida contribuição não impactaria no limite percentual de contratação de PPPs.

Tanto essas avenças quanto outras poderiam ser viabilizadas com a mera veiculação desse entendimento, sem a necessidade de instituição de novas receitas e sem que outros projetos relevantes fossem deixados de lado.

O assunto ganha especial relevância em contextos nos quais os Municípios se veem, a um só tempo, obrigados a adotar soluções para

diversas atividades que lhes são atribuídas. É o caso, exemplificativamente:
   i)   da necessidade de assunção da gestão dos ativos e dos serviços de iluminação pública;
   ii) da adoção de soluções para a disposição final ambientalmente adequada de rejeitos, que deveria ser implantada até 31 de dezembro de 2020, exceto para os Municípios que até essa data tenham elaborado plano intermunicipal de resíduos sólidos ou plano municipal de gestão integrada de resíduos sólidos e que disponham de mecanismos de cobrança que garantam a sua sustentabilidade econômico-financeira (art. 54 da Política Nacional de Resíduos Sólidos);[80]
   iii) da edição de Plano de Mobilidade Urbana,[81] obrigatório, nos termos do art. 24, §1º, da Política Nacional de Mobilidade Urbana, para Municípios com mais de 20.000 habitantes, integrantes de regiões metropolitanas, regiões integradas de desenvolvimento econômico e aglomerações urbanas com população total superior a 1.000.000 de habitantes, bem como integrantes de áreas de interesse turístico, incluídas cidades litorâneas que têm sua dinâmica de mobilidade normalmente alterada nos finais de semana, feriados e períodos de férias, em função do aporte de turistas, com os seguintes prazos de

---

[80] Para tais Municípios, ficaram definidos os seguintes (art. 54 e incisos da Política Nacional de Resíduos Sólidos): "I – até 2 de agosto de 2021, para capitais de Estados e Municípios integrantes de Região Metropolitana (RM) ou de Região Integrada de Desenvolvimento (Ride) de capitais; II – até 2 de agosto de 2022, para Municípios com população superior a 100.000 (cem mil) habitantes no Censo 2010, bem como para Municípios cuja mancha urbana da sede municipal esteja situada a menos de 20 (vinte) quilômetros da fronteira com países limítrofes; III – até 2 de agosto de 2023, para Municípios com população entre 50.000 (cinquenta mil) e 100.000 (cem mil) habitantes no Censo 2010; IV – até 2 de agosto de 2024, para Municípios com população inferior a 50.000 (cinquenta mil) habitantes no Censo 2010".

[81] Art. 24 da Política Nacional de Mobilidade Urbana. "O Plano de Mobilidade Urbana é o instrumento de efetivação da Política Nacional de Mobilidade Urbana e deverá contemplar os princípios, os objetivos e as diretrizes desta Lei, bem como: I – os serviços de transporte público coletivo; II – a circulação viária; III – as infraestruturas do sistema de mobilidade urbana, incluindo as ciclovias e ciclofaixas; IV – a acessibilidade para pessoas com deficiência e restrição de mobilidade; V – a integração dos modos de transporte público e destes com os privados e os não motorizados; VI – a operação e o disciplinamento do transporte de carga na infraestrutura viária; VII – os polos geradores de viagens; VIII – as áreas de estacionamentos públicos e privados, gratuitos ou onerosos; IX – as áreas e horários de acesso e circulação restrita ou controlada; X – os mecanismos e instrumentos de financiamento do transporte público coletivo e da infraestrutura de mobilidade urbana; e XI – a sistemática de avaliação, revisão e atualização periódica do Plano de Mobilidade Urbana em prazo não superior a 10 (dez) anos".

aprovação, conforme o art. 24, §4º: (i) até 12 de abril de 2022, para Municípios com mais de 250.000 habitantes; (ii) até 12 de abril de 2023, para Municípios com até 250.000 habitantes;[82]

iv) adoção de soluções para que, em conformidade com o Novo Marco do Saneamento, contratos prevejam metas de universalização que garantam o atendimento de 99% (noventa e nove por cento) da população com água potável e de 90% (noventa por cento) da população com coleta e tratamento de esgotos até 31 de dezembro de 2033, assim como metas quantitativas de não intermitência do abastecimento, de redução de perdas e de melhoria dos processos de tratamento (art. 11-B), de maneira que avenças que não possuam tais metas as prevejam até a data de 31 de março de 2022 (art. 11-B, §1º).[83]

A solução para as questões, tendo em vista, especialmente, a necessidade de adequação na prestação dos serviços e a complexidade a eles inerentes, poderia passar pela contratação de PPPs. Contudo, no caso concreto, o limite de 5%, previsto no art. 28 da Lei Federal de PPPs, poderia se apresentar como impeditivo, ainda que, consideradas as demais condições orçamentárias municipais, quaisquer outras atividades não fossem afetadas ou comprometidas.

4.5 As razões do art. 28 e o foco no art. 10, II e IV, da Lei Federal de PPPs, para fins de projetos de iluminação pública

O art. 28 da Lei Federal de PPPs tentou coibir o uso indiscriminado de recursos públicos municipais, integrantes da RCL, para o custeio de

---

[82] Art. 24, §8º, da Política Nacional de Mobilidade Urbana. "Encerrado o prazo estabelecido no §4º deste artigo, os Municípios que não tenham aprovado o Plano de Mobilidade Urbana apenas poderão solicitar e receber recursos federais destinados à mobilidade urbana caso sejam utilizados para a elaboração do próprio plano".

[83] Art. 11-B, §2º, do Novo Marco do Saneamento. "Contratos firmados por meio de procedimentos licitatórios que possuam metas diversas daquelas previstas no caput deste artigo, inclusive contratos que tratem, individualmente, de água ou de esgoto, permanecerão inalterados nos moldes licitados, e o titular do serviço deverá buscar alternativas para atingir as metas definidas no caput deste artigo, incluídas as seguintes: I – prestação direta da parcela remanescente; II – licitação complementar para atingimento da totalidade da meta; e III – aditamento de contratos já licitados, incluindo eventual reequilíbrio econômico-financeiro, desde que em comum acordo com a contratada".

tal modalidade contratual. Isso porque visam a satisfazer as despesas ordinárias dos entes federados. A contratação de alto volume de PPPs poderia, nesse sentido, prejudicar a concretização das demais necessidades públicas, atendidas pela generalidade de receitas por eles obtidas.

Essa restrição destina-se a controlar o gasto público, de modo a evitar o comprometimento desmedido do orçamento da União, por meio da vedação à realização de transferências voluntárias ou concessão de garantia aos Estados, ao Distrito Federal e aos Municípios que destinem, de modo reputado como excessivo, recursos próprios a projetos de PPPs.

Como devem satisfazer as despesas ordinárias dos entes federados, a contratação de alto volume de PPPs poderia, nesse sentido, prejudicar a concretização das demais necessidades públicas, no médio ou longo prazos, atendidas pela generalidade de receitas por eles obtidas.

Diante da complexidade decorrente das obrigações estabelecidas pela lei para que um projeto de concessão dessa natureza seja viabilizado, torna-se importante a análise da utilização da COSIP como instrumento apto a trazer autossustentabilidade financeira para esse tipo de modelagem e quais as principais cautelas a serem adotadas pelo Poder Concedente nesse processo.

Os recursos da COSIP não têm o condão de custear qualquer despesa do Município. Não se pode reputar, assim, que o desenvolvimento de projeto de PPP custeado integralmente por recursos da COSIP comprometa a RCL municipal, especialmente para os fins do limite de 5% estabelecido no art. 28 da Lei Federal de PPPs.

Os únicos recursos comprometidos com as PPPs de iluminação pública custeadas integralmente com a COSIP são, justamente, aqueles que seriam, em qualquer hipótese, utilizados para tal finalidade: *custear a iluminação pública*. Noutras palavras: *não haveria o comprometimento de qualquer outra atividade, de qualquer outra necessidade que devesse ser atendida em* âmbito local, *notadamente porque os recursos do caixa ordinário dos Municípios, passíveis de utilização indiscriminada, não estariam comprometidos.*

Haveria comprometimento de recursos municipais, para fins da regra do art. 28 da Lei Federal de PPPs, caso a contraprestação pública da PPP fosse paga com recursos diversos da arrecadação da COSIP, oriundos, v.g., da arrecadação de impostos de competência da Municipalidade. Isso não é vedado aos Municípios: podem utilizar outros recursos, que não os da COSIP, para o custeio da prestação dos serviços de iluminação – nesse caso, cabendo a observância do limite legal de 5%.

O inverso, porém, não é verdadeiro: a COSIP não pode custear outras atividades municipais. Reflexamente, não comprometem os cofres municipais, no contexto do mencionado dispositivo da Lei Federal de PPPs, na medida em que outras necessidades não seriam desatendidas (ou comprometidas) com a utilização da contribuição em pauta.

Dessa forma, em razão da peculiaridade desse tributo, não deve ele compor a base de cálculo das despesas do Poder Legislativo Municipal. Isso porque a sua destinação não se presta ao atendimento de quaisquer necessidades, mas de uma bastante específica: a garantia da prestação adequada dos serviços públicos de iluminação pública.

A utilização da COSIP para o cômputo da referida base de cálculo, de um lado, aumentaria os valores que seriam destinados ao Poder Legislativo local. Doutro, faria com que algum percentual da COSIP também fosse a ele destinado.

Se não há razão jurídica para se reputar que a COSIP deva integrar a base de cálculo do total da despesa do Poder Legislativo, em função de suas características, igualmente não se pode considerar que a sua utilização comprometa os recursos do erário municipal e que a sua utilização para a viabilização de projetos de PPPs deva impactar no limite de 5% da RCL previsto no art. 28 da Lei Federal de PPPs.

Isso se dá justamente porque a sua destinação não pode ser outra, senão a de custear os serviços de iluminação pública. Os recursos da COSIP já têm destinação específica, tal como passa a ocorrer com a contratação de PPPs em outros setores que não o de iluminação pública: *parcela dos recursos municipais passa a estar atrelada a finalidade bastante específica, que é a cobertura dos pagamentos referentes* à *execução do contrato de concessão.*

Em função disso, parece-me que a principal preocupação, para fins de modelagem de PPPs de iluminação pública, para o ponto fiscal orçamentário, deveria estar centrada no art. 10, II e IV, da Lei Federal de PPPs, com a seguinte redação:

> Art. 10. A contratação de parceria público-privada será precedida de licitação na modalidade de concorrência, estando a abertura do processo licitatório condicionada a: [...] II – elaboração de estimativa do impacto orçamentário-financeiro nos exercícios em que deva vigorar o contrato de parceria público-privada; [...] IV – estimativa do fluxo de recursos públicos suficientes para o cumprimento, durante a vigência do contrato e por exercício financeiro, das obrigações contraídas pela Administração Pública.

Par as PPPs de iluminação pública, o impacto orçamentário-financeiro e a estimativa de recursos públicos voltam-se exatamente para o montante da COSIP, já que, como regra, o volume arrecadado por exercício potencial fará frente a todas as despesas relativas às contraprestações públicas a serem pagas ao longo do contrato.

4.6 Precedente do TCE-MS: consideração apenas de receitas novas, decorrentes da PPP, para fins de cálculo do limite de RCL, e ausência de impactos de projetos custeados com a COSIP

Não se pode considerar, em minha opinião, que a utilização de recursos da COSIP comprometa a RCL dos Municípios, seja para fins de atendimento de suas outras necessidades ordinárias, seja para fins de comprometimento de recursos com PPPs. Esses recursos, por sua própria natureza, estão comprometidos com as atividades de iluminação pública, possuindo vinculação orçamentária para o seu custeio.

A interpretação aqui defendida, a respeito da ausência de seu cômputo no limite em discussão para a contratação de parcerias público-privadas, é apta a permitir que uma maior gama de concessões dessa espécie seja outorgada.

A um só tempo, não se descuida da necessária responsabilidade fiscal, inerente à noção da RCL e aos aspectos que são dela decorrentes, e garante-se a prestação adequada de serviços em favor dos cidadãos e da Administração Pública, dos quais o nosso país ainda é tão carente.

Há precedente neste sentido. No âmbito do Processo nº TC/7459/2019,[84] o TCE-MS se debruçou sobre consulta, formulada pelo Município de Campo Grande, sobre o limite do art. 28 da Lei Federal de PPPs, incluindo as formas de contabilização e a inclusão, ou não, da COSIP na RCL para fins de apuração de limites legais. Foram apresentados os quesitos arrolados a seguir para exame pela corte de contas:

> a) Por despesas decorrentes de contratos de parceria público-privada devem ser entendidos apenas os gastos incrementais, ou seja, aqueles que extrapolam os valores que já vinham sendo aplicados diretamente pelo Poder Público antes da delegação aos parceiros privados?

---

[84] Rel. Cons. Waldir Neves Barbosa, sessão: 07 out. 2019.

b) Em caso de resposta afirmativa ao contido na indagação da alínea "a", não deverá o ente consulente contabilizar os valores gastos anteriormente à delegação aos parceiros privados, para efeito da contabilização de percentual da Receita Corrente Líquida, de que trata o art. 28 da Lei Federal nº 11.079/2004?

c) Por se tratar de tributo vinculado, as receitas oriundas da Contribuição para o Custeio do Serviço de Iluminação Pública – COSIP, instituídas com fulcro no art. 149-A da CF/88, compõe ou não a Receita Corrente Líquida – RCL para fins de cálculo do percentual indicado no art. 28 da Lei Federal nº 11.079/2004 – por óbvio, quando o contrato de parceria público-privado se tratar de serviço de iluminação pública?[85]

O voto do Cons. Rel. Waldir Neves Barbosa conduziu o deslinde da questão. Para ele, apenas despesas novas criadas por meio da contratação de PPPs deveriam ser consideradas no cálculo referente ao comprometimento de RCL. Considerou, ainda, que os recursos concernentes à COSIP não deveriam fazer parte do cálculo dos dispêndios relativos ao tema.

Em relação ao 1º ponto, entendeu que, como em PPPs há dois tipos de contrapartidas do ente público, uma para remunerar o parceiro pela execução dos serviços (*gastos operacionais*) e outra para cobertura de investimentos (*gastos de capital*), caso o serviço público já estivesse sendo prestado, apenas a segunda (*como obras ou aquisição de equipamentos*) seria o elemento novo, derivado do contrato.[86] Assim:

> [...] seria salutar, portanto, que se compreenda que, para efeitos de apuração do limite de comprometimento do percentual da Receita Corrente Líquida (RCL), previsto no art. 28 da Lei nº 11.079/2004, ressalvado o que dispõe o art. 25 do mesmo normativo, devem ser computadas apenas as despesas efetivamente novas, isto é, as que venham onerar adicionalmente o ente público a partir da concessão da atividade nos casos em que as Parcerias Público-Privadas substituírem serviços já prestados pelo poder público.
>
> Porém, o finalismo moderado impõe que isso só será viável se for possível identificar, ainda na fase de modelagem da Parceria Público-Privada, o montante de recursos aplicado pelo poder público na atividade a ser concedida. Para tanto, é indispensável que, dos registros contábeis,

---

[85] Processo nº TC/7459/2019, fls. 01-02.
[86] Processo nº TC/7459/2019, fl. 12.

resulte a disponibilização de informações financeiras com elevado grau de clareza, sistematicidade e desagregação. Logo, os dados financeiros e orçamentários do ente devem apresentar nível elevado de detalhamento, suficiente para que esta aferição seja precisa. Por outro lado, se não for possível distinguir as despesas já incorridas pelo ente público das despesas efetivamente produzidas a partir da delegação do serviço público ou da atividade administrativa, por meio do contrato de PPP, deverão ser contabilizados no limite de comprometimento da RCL, sem qualquer distinção, todas as despesas referentes aos projetos dessa natureza contratados.[87]

Em relação à questão da COSIP, o Cons. Rel. Waldir Neves Barbosa entendeu que, por se tratar de tributo

vinculado à atividade especifica de custear a iluminação pública, a sua utilização não estará sujeita às limitações de comprometimento da RCL e não deverá ser contabilizada para efeitos do art. 28 da Lei nº 11.079/2004, de forma a comprometer o orçamento dos entes municipais e limitar ainda mais a possibilidade de contratação de Parcerias Público-Privadas.[88]

As questões no bojo do Processo nº TC/7459/2019 ficaram assim resumidas:

Quesito nº 1
Por despesas decorrentes de contratos de parceria público-privada, devem ser entendidos apenas os gastos incrementais, ou seja, aqueles que extrapolam os valores que já vinham sendo aplicados diretamente pelo Poder Público antes da delegação aos parceiros privados?

Resposta
Para efeitos de apuração do limite de comprometimento do percentual da Receita Corrente Líquida (RCL), previsto no art. 28 da Lei nº 11.079/2004, ressalvado o que dispõe o art. 25 do mesmo normativo, que confere à Secretaria do Tesouro Nacional prerrogativa de edição de normas gerais relativas à consolidação das contas públicas aplicáveis aos contratos de Parceria Público-Privada, devem ser computadas apenas as despesas efetivamente novas, isto é, as que venham onerar adicionalmente o ente público a partir da concessão da atividade nos casos em que as PPPs substituírem serviços já prestados pelo poder público. Porém, isso só será viável se for possível identificar, ainda na fase de modelagem,

---

[87] Processo nº TC/7459/2019, fls. 14-15.
[88] Processo nº TC/7459/2019, fls. 17-18.

o montante de recursos aplicados pelo poder público na atividade a ser concedida. A Administração Pública, visando resguardar a conformidade de aspectos técnicos, operacionais, econômicos, jurídicos, sociais e ambientais, segundo previsto pela legislação, deve fazer uso de estudos de viabilidade para auferir a sustentabilidade do serviço ou obra a ser concedido (Lei Federal n° 8.987/1995, art. 21), sobretudo na identificação das despesas que onerem adicionalmente o Estado a partir da concessão da atividade. Para tanto, é indispensável que, dos registros contábeis, resulte a disponibilização de informações com elevado grau de clareza, sistematicidade e desagregação. Logo, os dados financeiros e orçamentários do ente devem apresentar nível elevado de detalhamento, suficiente para que esta aferição seja precisa. Por outro lado, se não for possível distinguir as despesas já incorridas pelo ente público das despesas efetivamente produzidas a partir da delegação do serviço público ou da atividade administrativa, por meio do contrato de parceria público-privada, deverão ser contabilizados no limite de comprometimento da RCL, sem qualquer distinção, todas as despesas referentes aos projetos de PPPs contratados.

Quesito n° 2
Em caso de resposta afirmativa ao contido na indagação da alínea "a", não deverá o ente consulente contabilizar os valores gastos anteriormente à delegação aos parceiros privados, para efeito da contabilização de percentual da Receita Corrente Líquida, de que trata o art. 28 da Lei Federal n° 11.079/2004?"

Resposta
Prejudicada.

Quesito n° 3
Por se tratar de tributo vinculado, as receitas oriundas da Contribuição para o Custeio do Serviço de Iluminação Pública – COSIP, instituídas com fulcro no art. 149-A da CF/88, compõe ou não a Receita Corrente Líquida – RCL para fins de cálculo do percentual indicado no art. 28 da Lei Federal n° 11.079/2004 – por óbvio, quando o contrato de parceria público-privado se tratar de serviço de iluminação pública?

Resposta
Não. A Contribuição para o Custeio do Serviço de Iluminação Pública (COSIP), devido a sua natureza *sui generis* e finalidade específica, não compõe a Receita Corrente Líquida (RCL) para fins de cálculo do percentual a que se refere o art. 28 da Lei Federal n° 11.079/2004. O entendimento desta Corte de Contas, exteriorizado pelo Parecer-C n° 00/0015/2015, materializa-se no sentido de que as receitas provenientes da COSIP

não se misturam com as demais que integram a receita tributária dos Municípios, uma vez que se prestam, única e exclusivamente, a cobrir as despesas referentes à iluminação pública, não integrando a RCL.

Resta claro que os recursos da COSIP já estão vinculados à finalidade específica. Se a finalidade do art. 28 da Lei Federal de PPPs é garantir que os entes federados não comprometam alto volume de recursos com essas parcerias, tal fato jamais se apresentará, concretamente, em relação à contribuição em pauta. Isso porque, juridicamente, os recursos concernentes à sua arrecadação já estão comprometidos com as atividades de iluminação pública. A contratação, ou não, de PPPs, não possui o condão de alterar essa característica.

4.7 Conclusões

Em vista de todo o exposto, pode-se concluir que os recursos da COSIP são destinados, exclusivamente, para o custeio dos serviços de iluminação pública. Por isso, a arrecadação da contribuição poderá ser utilizada para o pagamento de contraprestações públicas, para a realização de aportes de recursos e para a constituição de garantias públicas em PPP que visem ao desenvolvimento das atividades de iluminação pública. Em outras palavras: custear as despesas relativas à prestação de serviços públicos de iluminação pública nessas concessões.

O aperfeiçoamento do orçamento público e da possibilidade de ampliação da gama de PPPs que poderiam ser contratadas em âmbito municipal (dando ensejo à prestação de serviços adequados em favor dos cidadãos e da própria administração pública) se daria a partir do mero entendimento adequado a respeito da natureza e das características desse tributo.

A sua efetiva utilização para a contratação de PPPs, tendo em vista que a ausência de sua integração da base de cálculo da RCL, para fins do art. 28 da Lei Federal de PPPs, poderia viabilizar tanto a contratação dessas concessões quanto de outras que se fizessem necessárias em âmbito local.

Pode-se reputar, em minha visão, que os valores de arrecadação da COSIP não se confundem com os demais aspectos que compõem a receita tributária dos Municípios. O fato se dá porque, ao contrário das outras receitas que integram os cofres municipais, aquelas oriundas da COSIP prestam-se, única e exclusivamente, a cobrir as despesas referentes à iluminação pública.

CAPÍTULO 5

PROJETOS DE ILUMINAÇÃO PÚBLICA, DESVINCULAÇÃO DA COSIP E GESTÃO MUNICIPAL

5.1 Introdução

Com o crescente número de licitações realizadas no setor de iluminação pública, tem aumentado a discussão sobre a utilização dos recursos da COSIP, notadamente em função de sua vinculação ao setor de iluminação pública, a atividades que lhes seriam inerentes ou correlatas e à desvinculação de determinados recursos municipais, nos termos do art. 76-B do ADCT.

Nesse cenário, apresento o debate a respeito da desvinculação dos recursos da COSIP e sua questão constitucional, adentrando em previsões legais e contratuais sobre a utilização dos recursos.

Com isso, menciono como, a partir de resultados de licitações já realizadas, o tema da desvinculação dos recursos poderia ser veiculado como alternativa importante para os gestores públicos municipais, em contexto de necessidade de adoção de medidas para o setor público e de sensibilidade fiscal. Arremato a discussão por meio da apresentação de parecer em que se debruçou sobre a desvinculação dos recursos da COSIP e a finalidade de sua destinação.

Em termos de metodologia, pautei a pesquisa na legislação municipal e em documentos licitatórios relativos a projetos municipais de PPPs de iluminação pública desenvolvidos com o apoio do BNDES e que já tiveram contratos celebrados ou, ao menos, cujas propostas econômicas já foram ofertadas pelas empresas licitantes. São eles:

i) Pregão Eletrônico AARH nº 40/2017 – BNDES, que teve como objeto a contratação de serviços técnicos especializados necessários à estruturação de projeto de Parceria Público-Privada destinada à modernização, eficientização, expansão, operação e manutenção da infraestrutura da rede de iluminação pública no Município de Porto Alegre/RS, e que deu origem ao Contrato nº OCS 481/2017 (SRM 4400002917).[89]

Com base na contratação realizada pelo BNDES, foi realizada a modelagem da concessão administrativa dos serviços de iluminação pública no município, incluindo a implantação, a instalação, a recuperação, a modernização, o melhoramento, a eficientização, a expansão, a operação e a manutenção da infraestrutura da rede municipal de iluminação pública de Porto Alegre (Edital de Concorrência Pública nº 09/2019; Processo Administrativo nº 19.0.000072207-6).[90]

ii) Pregão Eletrônico AARH nº 39/2017 – BNDES, que teve como objeto a contratação de serviços técnicos especializados necessários à estruturação de projeto de Parceria Público-Privada destinada à modernização, eficientização, expansão, operação e manutenção da infraestrutura da rede de iluminação pública no Município de Teresina/PI, e que deu origem ao Contrato OCS nº 434/2017 (SRM nº 4400002864).

Com base na contratação realizada pelo BNDES, foi realizada a modelagem da concessão administrativa para prestação dos serviços de iluminação pública no Município de Teresina, incluídos a implantação, a instalação, a recuperação, a modernização, o melhoramento, a eficientização, a expansão, a operação e a manutenção da rede municipal de iluminação pública (Edital de Concorrência Pública nº 01/2019 – Comissão Especial de Iluminação Pública de Teresina; Processo Administrativo nº 042.002249/19).

iii) Pregão Eletrônico AARH nº 16/2018 – BNDES, que teve como objeto a contratação de serviços técnicos especializados necessários à estruturação de projeto de Parceria Público-

---

[89] BRASIL. BNDES – Banco Nacional do Desenvolvimento. *Pregões Eletrônicos 2017*. Disponível em: https://www.bndes.gov.br/wps/portal/site/home/transparencia/licitacoes-contratos/licitacoes/pregoes-eletronicos/pregoes-eletronicos-2017/. Acesso em 28 ago. 2020.

[90] BRASIL. Prefeitura de Porto Alegre. *Concorrência Pública 9/2009*. Disponível em: http://www2.portoalegre.rs.gov.br/smf/default.php?reg=53&p_secao=256. Acesso em 26 ago. 2020.

Privada (PPP) destinada à modernização, eficientização, expansão, operação e manutenção da infraestrutura da rede de iluminação pública do Município de Vila Velha/ES, e que deu origem ao Contrato OCS nº 335/2018 (SRM nº 4400003391).[91]

Com base na contratação realizada pelo BNDES, foi realizada a modelagem da concessão administrativa para prestação dos serviços de iluminação pública no Município de Vila Velha, incluídos a implantação, a instalação, a recuperação, a modernização, o melhoramento, a eficientização, a expansão, a operação e a manutenção da rede municipal de iluminação pública (Edital de Concorrência Pública nº 010/2020; Processo Administrativo nº 48.903/2019).

5.2 Desvinculação dos recursos da COSIP e a questão constitucional

A arrecadação da COSIP para fazer frente ao custeio das atividades de iluminação pública possui assento constitucional. Nos termos do art. 149-A da CF/1988, "[o]s Municípios e o Distrito Federal poderão instituir contribuição, na forma das respectivas leis, para o custeio do serviço de iluminação pública, observado o disposto no art. 150, I e III".[92]

Tal dispositivo, que não constava na redação original da CF/1988, foi nela inserido por meio da Emenda Constitucional nº 39, de 2002. Em linhas gerais, ao menos duas preocupações permearam a discussão sobre a inclusão do mencionado dispositivo:

i) a necessidade de constitucionalização de tributo específico para fazer frente às despesas relativas aos serviços de iluminação pública;

ii) a carência de recursos públicos, especialmente em nível municipal, e a necessidade de existência de abertura de fontes orçamentárias para que serviços, em nível local, sejam desenvolvidos.

Os pontos constam em documento da Comissão Especial relativa à Contribuição de Iluminação Pública do Senado Federal, criada para

---

[91] BRASIL. BNDES – Banco Nacional do Desenvolvimento. *Pregões Eletrônicos 2018*. Disponível em: https://www.bndes.gov.br/wps/portal/site/home/transparencia/licitacoes-contratos/licitacoes/pregoes-eletronicos/pregoes-eletronicos-2018/. Acesso em 29 ago. 2020.

[92] Ainda, conforme o art. 149-A, parágrafo único, da CF/1988, "[é] facultada a cobrança da contribuição a que se refere o caput, na fatura de consumo de energia elétrica".

discussão de proposta de Emenda à Constituição n° 559 de 2002, relativa à instituição da contribuição para custeio do serviço de iluminação pública nos Municípios e no Distrito Federal.[93]

Em relação à necessidade de constitucionalização do tributo, o relatório da Comissão Especial traz que:

> Em face do consenso político quanto à necessidade de constitucionalizar a cobrança, pelos Municípios e Distrito Federal, de um tributo que venha a cobrir as despesas com o serviço público de iluminação das vias e logradouros municipais, é quase desnecessário enfatizar o mérito e a oportunidade desta emenda constitucional.[94]

Com relação à questão da existência de novos recursos arrecadados pelos Municípios e pelo Distrito Federal, com base direta na CF/1988, indica-se que:

> Os Municípios há muito vêm lutando com a carência de recursos públicos para custear tal serviço de inelutável necessidade para o bem estar e a segurança das suas populações. [...] Para superar esse óbice constitucional e jurídico é que se chegou à formulação da figura da contribuição para o custeio do serviço de iluminação pública, à semelhança de outras contribuições já previstas no art. 149 da Carta Magna.[95]

Em vista dessas preocupações, houve a inclusão do art. 149-A na CF/1988, passando a admitir, expressamente, a instituição de novo tributo, de nível municipal e distrital: *a contribuição para custeio dos*

---

[93] BRASIL. Comissão Especial – Contribuição de Iluminação Pública. *Proposta de Emenda à Constituição n° 559, de 2002, do Senado Federal (apensada à PEC n° 504-A, de 2002, do Deputado Juquinha)*. Disponível em: https://www.camara.leg.br/proposicoesWeb/prop_mostrarintegra?codteor=85426&filename=PRL+1+PEC50402+%3D%3E+PEC+559/2002. Acesso em 26 ago. 2020.

[94] Relatório da Comissão Especial relativa à Contribuição de Iluminação Pública do Senado Federal, fl. 03. BRASIL. Comissão Especial – Contribuição de Iluminação Pública. *Proposta de Emenda à Constituição n° 559, de 2002, do Senado Federal (apensada à PEC n° 504-A, de 2002, do Deputado Juquinha)*. Disponível em: https://www.camara.leg.br/proposicoesWeb/prop_mostrarintegra?codteor=85426&filename=PRL+1+PEC50402+%3D%3E+PEC+559/2002. Acesso em 26 ago. 2020.

[95] Relatório da Comissão Especial relativa à Contribuição de Iluminação Pública do Senado Federal, fls. 03-04. (BRASIL. Comissão Especial – Contribuição de Iluminação Pública. *Proposta de Emenda à Constituição n° 559, de 2002, do Senado Federal (apensada à PEC n° 504-A, de 2002, do Deputado Juquinha)*. Disponível em: https://www.camara.leg.br/proposicoesWeb/prop_mostrarintegra?codteor=85426&filename=PRL+1+PEC50402+%3D%3E+PEC+559/2002. Acesso em 26 ago. 2020).

serviços de iluminação pública, que passou, nos termos das leis editadas em nível local, a ser amplamente disciplinada e utilizada.

A previsão constitucional deixou clara a correlação entre a arrecadação deste tributo específico e a necessidade de sua utilização para custeio das atividades de iluminação pública, sem sua extensão para aplicação em outras atividades de interesse local. A um só tempo, houve abertura para instituição de nova fonte orçamentária (*novo tributo a ser arrecadado em nível local*) mas que, em seus próprios termos, é restrito a finalidade específica (*o custeio das atividades de iluminação pública, de maneira estrita*).

Embora este ponto tenha ficado claro tanto na CF/1988 quanto nos pontos constantes dos debates que levaram à inserção do art. 149-A, fato é que, ao longo do tempo, passou a existir discussão a respeito de eventual utilização da COSIP para outras finalidades.

Mais especificamente, a discussão ganhou força no âmbito de novas alterações constitucionais realizadas para que houvesse a desvinculação de determinadas receitas de entes federados, a fim de que pudessem fazer frente a outras necessidades que não aquelas específicas para as quais foram criadas no intuito de dar vazão em sua origem.

Em 2016 foi promulgada a Emenda Constitucional nº 93, que previu a desvinculação de determinadas receitas de entes federados. Para os fins que me importam aqui, é importante o art. 76-B do ADCT, o qual previu a possibilidade de desvinculação de receitas municipais até o período compreendido no final do exercício de 2023. A redação do dispositivo é a seguinte:

> Art. 76-B. São desvinculados de órgão, fundo ou despesa, até 31 de dezembro de 2023, 30% (trinta por cento) das receitas dos Municípios relativas a impostos, taxas e multas, já instituídos ou que vierem a ser criados até a referida data, seus adicionais e respectivos acréscimos legais, e outras receitas correntes.[96]

Alguns pontos a respeito da inclusão do art. 76-B no ADCT foram trazidos no Parecer nº 706, de 2016, da Comissão de Constituição,

---

[96] Ainda, o art. 76-B, parágrafo único, do ADCT, prevê que excetuam-se da desvinculação: I – recursos destinados ao financiamento das ações e serviços públicos de saúde e à manutenção e desenvolvimento do ensino de que tratam, respectivamente, os incisos II e III do §2º do art. 198 e o art. 212 da Constituição Federal; II – receitas de contribuições previdenciárias e de assistência à saúde dos servidores; III – transferências obrigatórias e voluntárias entre entes da Federação com destinação especificada em lei; IV – fundos instituídos pelo Tribunal de Contas do Município.

Justiça e Cidadania, sobre a Proposta de Emenda à Constituição nº 31, de 2016, que traz aspectos da prorrogação da desvinculação de receitas da União e do estabelecimento da desvinculação de receitas dos Estados, Distrito Federal e Municípios.[97] No relatório do documento, de autoria do Senador José Maranhão, menciona-se a: (i) necessidade de existência de recursos disponíveis para superação da crise fiscal; (ii) o cômputo de recursos tributários no cálculo da RCL, o que incluiria a desvinculação da COSIP; (iii) a desvinculação de recursos como medida de apoio à gestão municipal.

Em relação à adoção de medidas para superação da crise fiscal, traz-se que:

> A PEC nº 31, de 2016, é meritória, pois, ao mesmo tempo em que busca flexibilizar a gestão orçamentária e contribuir para a superação da crise fiscal dos entes federados, não retira recursos provenientes de tributos e transferências de impostos das áreas sociais, como assistência social, educação, previdência social e saúde, nem afeta as transferências de recursos aos demais entes com base nos impostos federais e nem as transferências aos Municípios com base nos impostos estaduais.[98]

No que diz respeito ao cálculo dos recursos que entrariam no cômputo da RCL, o documento indica que as receitas correntes, independentemente da vinculação ou da desvinculação de eventuais recursos, seriam abrangidas por tributos, de maneira ampla, o que incluiria, nesses termos, a COSIP:

> As receitas correntes, independentemente de serem desvinculadas ou não, compõem a RCL integralmente, obedecidas as exclusões mencionadas. Como a PEC nº 31, de 2016, nada diz sobre a retirada das receitas tributárias desvinculadas do cálculo da RCL, é perfeitamente compreensível que as receitas desvinculadas continuarão a compor esse cálculo. Isso se deve ao fato de que desvinculadas ou não, essas receitas possuem uma natureza em comum. Na origem, são tributárias, de modo que o cálculo da RCL da União não é afetado pela desvinculação.[99]

---

[97] BRASIL. Senado Federal. *Parecer nº 706, de 2016*. Disponível em: https://legis.senado.leg.br/sdleg-getter/documento?dm=4453697&ts=1593934134501&disposition=inline. Acesso em 26 ago. 2020.
[98] Fl. 03 do Parecer nº 706, de 2016, da Comissão de Constituição, Justiça e Cidadania.
[99] Fls. 04-05 do Parecer nº 706, de 2016, da Comissão de Constituição, Justiça e Cidadania.

Finalmente, a desvinculação serviria como verdadeira medida de apoio aos entes federados, em função da possibilidade mais ampla de determinados recursos, desde que fizesse sentido prático para as coberturas necessárias e desde que sejam respeitados os demais limites, constitucionais e legais, de aplicação mínima de recursos em determinados setores:

> Ademais, o estabelecimento da Desvinculação de Receitas dos Estados, Distrito Federal e Municípios representa a correção de um erro histórico cometido por parte do Congresso Nacional, que reiteradas vezes aprovou a prorrogação da DRU, mas se esqueceu de que a rigidez do orçamento público também afeta os entes subnacionais, com o agravante de que esses entes não dispõem de competência tributária para instituir contribuições sociais de elevado poder arrecadatório.[100]

Reconhecida, portanto, a possibilidade de desvinculação de recursos componentes da RCL dos Municípios e do Distrito Federal, e considerando-se que a COSIP abrange tal hipótese, os recursos arrecadados por meio da sua cobrança poderiam, respeitados os limites dos 30% previstos no ADCT, ser utilizados para outras finalidades.

O ponto é especialmente importante em situações nas quais os recursos já estão sendo adequadamente prestados, ou em situações nas quais houvesse instituição de medidas jurídicas para se garantir a adequada prestação em determinado período de tempo, concomitantemente à existência de excedente de recursos que não precisariam, por novas situações jurídicas ou práticas, ser usados especificamente no setor de iluminação pública.

A situação tem se verificado, em bases mais amplas, na contratação de PPPs, em âmbito municipal, para prestação, expansão e melhoria nos serviços de iluminação pública, conforme exporei na sequência.

5.3 Previsões legais e contratuais sobre a utilização dos recursos da COSIP

No âmbito das estruturações de PPPs de iluminação pública realizadas com o apoio do BNDES, medidas legais e contratuais têm sido previstas com a utilização de recursos da COSIP. Em grande parcela, elas incluem:

---

[100] Fls. 06 do Parecer nº 706, de 2016, da Comissão de Constituição, Justiça e Cidadania.

i) o pagamento da contraprestação pública devida às concessionárias ao longo do prazo contratual;
ii) a constituição de mecanismos de garantia pública para fazer frente a eventuais inadimplementos da Administração contratante;
iii) os pagamentos devidos às concessionárias de distribuição de energia elétrica em função do fornecimento de energia para a rede municipal de iluminação pública.

Realizados todos os pagamentos, os recursos da COSIP seriam destinados ao Tesouro Municipal. E, nesses termos, passa a existir ponto jurídico relevante: *se toda a sistemática contratual de prestação adequada dos serviços de iluminação pública tiver sido satisfeita, e se os recursos não puderem, por hipótese, ser destinados a outras finalidades, não faria sentido prático que a parcela excedente da COSIP pudesse ser desvinculada?*

A legislação municipal, no âmbito desses projetos, também tem dado resposta a esta questão, como demonstrarei na sequência.

Nos termos da Lei Complementar nº 840, de 27 de dezembro de 2018, o Poder Executivo Municipal de Porto Alegre ficou "autorizado a vincular as receitas municipais advindas da Contribuição para Custeio do Serviço de Iluminação Pública (CIP) para o pagamento dos valores devidos à concessionária e constituição do arranjo de garantias relativas ao projeto de PPP" (art. 2º).

Antecipando a possibilidade de que houvesse eventuais descontos na contraprestação máxima a ser estabelecida no edital, a lei previu que, caso haja "excedente de recursos da CIP após o integral cumprimento das obrigações decorrentes de eventual contrato [...] e demais despesas relativas à rede de iluminação pública, os valores excedentes deverão ser destinados ao Fundo Municipal de Iluminação Pública ('FUMIP')" (art. 2º, §3º).[101]

Em relação às previsões contratuais, conforme o contrato da PPP de Porto Alegre, o pagamento dos valores devidos pelo Poder

---

[101] Adicionalmente, o Decreto nº 20.061, de 13 de setembro de 2018, previu a desvinculação das receitas municipais, nos seguintes termos:
"Art. 1º. Ficam desvinculados de órgão, fundo, programa ou despesa, no período de 1 de janeiro de 2016 até 31 de dezembro de 2023, 30% (trinta por cento) das receitas do Município relativas a impostos, taxas e multas, já instituídos ou que vierem a ser criados até a referida data, seus adicionais e respectivos acréscimos legais, e outras receitas correntes, inclusive, de contribuições.
Art. 2º. A desvinculação referida no art. 1º deste Decreto aplica-se:
I – aos recursos arrecadados ou transferidos que estejam vinculados a determinadas despesas, referentes a programas, projetos ou ações administrados pelo Poder Executivo Municipal;

Concedente será realizado e assegurado por meio da vinculação dos valores provenientes da COSIP (cl. 38.1). Contratualmente, há a vinculação, em favor da concessionária, durante todo o prazo de vigência da concessão, dos recursos provenientes de arrecadação da COSIP, em caráter irrevogável e irretratável.[102]

Esses aspectos são complementados pelo Anexo 12 ("Condições gerais do contrato com a instituição financeira depositária") do Contrato de Concessão. Ele prevê, em sua cl. 3, que serão abertas conta vinculada e conta reserva, com as finalidades de, respectivamente, realizar e garantir o pagamento das obrigações pecuniárias assumidas pelo Poder Concedente no Contrato, ficando os recursos nelas depositados vinculados ao Contrato de Concessão, em caráter irrevogável e irretratável, até a liquidação de tais obrigações.

Ainda, nos termos da cl. 3.3, eventuais recursos excedentes serão utilizados para a realização dos pagamentos mensais devidos pelo Poder Concedente, respectivamente (i) à empresa distribuidora pela operacionalização da cobrança e repasse da CIP e pelo fornecimento de energia elétrica para iluminação pública; (ii) ao verificador independente. Após a realização dos mencionados, os recursos restantes serão mensalmente transferidos pela instituição financeira depositária para a conta do FUMIP (cl. 3.4).

A Lei Municipal nº 5.309, de 07 de dezembro de 2018, autorizou o Poder Executivo Municipal de Teresina a "vincular a totalidade das receitas municipais provenientes da COSIP para pagamento e para a garantia da remuneração da concessionária, no âmbito da concessão" (art. 2º).[103]

II – a todos os fundos administrados pelo Poder Executivo Municipal, excetuando-se os fundos previdenciários, de saúde, de educação e os demais fundos excluídos pelo Ato das Disposições Constitucionais Transitórias (ADCT) que aparelham órgãos de estado;

III – aos rendimentos financeiros, inclusive os decorrentes de aplicações de recursos recebidos como receitas de capital".

[102] Adicionalmente, o contrato da PPP de Porto Alegre prevê o seguinte: "38.3. A vinculação referida na Cláusula 38.1 abrangerá a integralidade dos recursos arrecadados com a CIP até o pagamento da Contraprestação Mensal Efetiva e a recomposição do saldo mínimo da Conta Reserva, na forma do Anexo 12 do Contrato.
38.4 O Poder Concedente assegurará, ainda, a existência de recursos orçamentários suficientes para os pagamentos devidos à Concessionária nas hipóteses em que a arrecadação da CIP seja insuficiente para esse fim, designando dotação orçamentária complementar ou alternativa, cujos recursos financeiros também deverão transitar pela Conta Vinculada de pagamento a que faz referência a Cláusula anterior".

[103] A Lei Municipal nº 5.309/2018 prevê que "[a] COSIP integrará a base de cálculo de repasse de duodécimo mensal ao Poder Legislativo Municipal, desde que observe os requisitos, cumulativamente, de observância ao percentual de gastos previstos no art. 29-A da

O Contrato de Concessão de Teresina prevê que o pagamento dos valores devidos pelo Poder Concedente será realizado e assegurado por meio da vinculação dos valores provenientes da COSIP e da celebração de contrato com a instituição financeira depositária, que regulará o trânsito dos recursos da COSIP, durante todo o prazo do Contrato (cl. 36.1). Assim, por meio da avença, foram vinculados, a favor da concessionária, durante todo o período da concessão, os recursos provenientes de arrecadação da COSIP, em caráter irrevogável e irretratável (cl. 36.2).

Conforme o Anexo 12 do Contrato de Concessão de Teresina ("Condições gerais do contrato com a instituição financeira depositária"), o contrato com a instituição financeira depositária deverá prever que, na data de sua assinatura, serão abertas a conta vinculada e a conta reserva, com a finalidade de, respectivamente, realizar e garantir o pagamento das obrigações pecuniárias assumidas pelo Poder Concedente no Contrato, ficando os recursos nelas depositados vinculados ao contrato de concessão (cl. 3).

Os recebíveis da COSIP são vinculados, prioritária e exclusivamente, à concessão, sendo vedada, portanto, sua utilização ou vinculação para quaisquer outras finalidades (cl. 3.1). Dessa maneira, os recursos depositados na conta reserva e os que transitarem na conta vinculada não poderão ser movimentados ou utilizados para outra finalidade, tampouco ser dados em garantia de quaisquer outros projetos ou contratos do Poder Concedente, independentemente de sua natureza.3 (cl. 3.2). Apenas os recursos excedentes serão mensalmente transferidos pela instituição financeira depositária para a conta do FUMIP (cl. 3.3).

Finalmente, a Lei Complementar nº 72, de 20 de novembro de 2019, institui, no Município de Vila Velha, a COSIP, prevendo que, caso haja excedente de recursos após o integral cumprimento das obrigações pecuniárias decorrentes do contrato de PPP, os valores excedentes poderão ser destinados ao Tesouro Municipal (art. 14). Ainda, há a especificação de que a desvinculação de receitas de que trata o art. 76-B do ADCT somente poderá atingir os recursos da COSIP que ingressarem no Tesouro Municipal (art. 15).

A Lei Complementar nº 73, de 20 de novembro de 2019, por sua vez, autorizou a outorga, por meio da celebração de PPP, na modalidade concessão administrativa, dos serviços de iluminação pública do Município de Vila Velha. Em seus termos, o Poder Executivo Municipal

---

Constituição Federal e do limite de valor estabelecido pela dotação orçamentária destinada à Câmara Municipal de Teresina" (art. 2º, §3º).

ficou autorizado a vincular a totalidade das receitas municipais advindas da COSIP para pagamento e garantia da PPP (art. 3º). A vinculação poderá ser estabelecida por meio do instrumento contratual, o qual poderá prever que os recursos vinculados decorrentes da arrecadação da COSIP serão depositados em conta segregada de instituição financeira depositária contratada (art. 3º, §1º).

O instrumento contratual poderá definir, ainda, que a instituição financeira depositária será responsável pelo controle e repasse dos recursos depositados na conta vinculada de titularidade do Município de Vila Velha, nos conformes das regras e condições fixadas no contrato, de forma a assegurar o regular cumprimento das obrigações do Poder Público no âmbito da PPP (art. 3º, §2º).

Caso haja excedente de recursos da COSIP após o integral cumprimento das obrigações pecuniárias decorrentes da PPP, os valores deverão ser destinados ao Tesouro Municipal (art. 3º, §3º). A desvinculação de receitas de que trata o art. 76-B somente poderá atingir os recursos da COSIP que ingressarem no Tesouro Municipal (art. 3º, §4º).

Para complementação dos aspectos legais, o Contrato de Concessão de Vila Velha estabelece que o pagamento dos valores devidos pelo Poder Concedente será realizado e assegurado por meio da vinculação dos valores provenientes da COSIP e da celebração de contrato com a instituição financeira depositária, que regulará o trânsito dos recursos da COSIP na conta vinculada e na conta reserva, e cuja movimentação será restrita e terá o propósito específico de servir como meio de pagamento dos valores contratualmente devidos (cl. 36.1). Pelo contrato de concessão ficam vinculados em favor da CONCESSIONÁRIA os recursos provenientes de arrecadação da COSIP, em caráter irrevogável e irretratável (cl. 36.2).

Nos termos do Anexo 12, o contrato com a instituição financeira depositária deverá prever que, na data de sua assinatura, serão abertas a conta vinculada e a conta reserva, com a finalidade exclusiva de, respectivamente, realizar e garantir o pagamento das obrigações pecuniárias assumidas pelo Poder Concedente ficando os recursos nelas depositados vinculados em caráter irrevogável e irretratável, até o final da liquidação das obrigações (cl. 3).

Os recebíveis da COSIP serão vinculados prioritária e exclusivamente ao contrato de concessão, sendo vedada a sua utilização ou vinculação para quaisquer outras finalidades (cl. 3.1). Os recursos depositados na conta reserva e os que transitarem na conta vinculada não poderão ser movimentados ou utilizados para outra finalidade, tampouco poderão ser dados em garantia de quaisquer outros projetos ou contratos da Poder Concedente, independentemente de sua natureza (cl. 3.2). Os recursos excedentes serão mensalmente transferidos pela instituição financeira depositária para conta do Município de Vila Velha (cl. 3.3).

Em resumo, pode-se ver que tanto as legislações municipais quanto os contratos estão estabelecendo mecanismos de vinculação de recursos da COSIP para fazer frente às obrigações de adimplemento assumidas pelo Poder Público nas PPPs e, ao mesmo tempo, deixando espaço para a desvinculação de recursos que deixem de ser necessários para fins imediatos dos empreendimentos. Conforme demonstro na sequência, essa abertura parece fazer sentido em vista dos deságios atingidos em licitações recentes.

5.4 Resultados das licitações e comparação com a arrecadação municipal

Na licitação realizada pelo Município de Porto Alegre, a proposta de contraprestação pública mensal máxima apresentada pelo consórcio vencedor foi de R$1.745.000,00, representando deságio de 45,64% em relação ao valor máximo que poderia ser apresentado no certame.[104] O valor total de contraprestação anual seria de R$20.940.000,00, corrigido ao longo do período da concessão.[105] [106]

O prazo da concessão foi fixado em 20 anos[107] e o valor do contrato foi estimado em R$741.510.000,00, considerando o valor de contraprestação mensal máxima.[108] O limite da proposta comercial foi fixado em R$3.210.000,00, referente ao valor de contraprestação mensal máxima.[109]

Considerando o exercício de 2019, os valores de COSIP arrecadados pelo Município de Porto Alegre alcançaram R$68.038.542,87.[110] Assim,

---

[104] Cf. Licitações e alienações. [B]³. Disponível em: http://www.b3.com.br/pt_br/produtos-e-servicos/negociacao/leiloes/licitacoes-e-alienacoes/. Acesso em 26 ago. 2020.

[105] A homologação do procedimento licitatório e a adjudicação do objeto foram publicados na Edição nº 6.233 do Diário Oficial do Município de Porto Alegre, com divulgação em 22 de abril de 2020 e publicação em 23 de abril do mesmo ano.

[106] Os valores previstos contratualmente são corrigidos com base na variação do Índice Nacional de Preços ao Consumidor Amplo ("IPCA") (cl. 37.1 do contrato da PPP de Porto Alegre).

[107] Item 5.1 do Edital de Licitação da PPP de Porto Alegre.

[108] Item 5.2 do Edital de Licitação da PPP de Porto Alegre.

[109] Item 11.1.2 (vi) do Edital de Licitação da PPP de Porto Alegre.

[110] Informações constantes do Balanço das Finanças Públicas de 2019. p. 44.

pela comparação entre o valor decorrente da simples multiplicação, sem qualquer tipo de reajuste, da contraprestação mensal proposta pela licitante vencedora e dos valores arrecadados pelo Município no período considerado, haveria excedente de cerca de R$47 milhões. Eles poderiam ser utilizados para outras finalidades relativas à iluminação pública (constituição de garantia pública; pagamento de conta de energia elétrica referente ao fornecimento à rede de iluminação pública), mas, ainda assim, haveria parcela bastante relevante que seria destinada ao Tesouro Municipal.

Na licitação realizada pelo Município de Teresina, a proposta de contraprestação pública mensal máxima apresentada pelo consórcio vencedor foi de R$1.809.000,00, representando deságio de 54% em relação ao valor máximo que poderia ser apresentado no certame.[111] O valor total de contraprestação anual seria de R$21.708.000,00, corrigido ao longo do período da concessão.

O prazo da concessão foi fixado em 20 anos[112] e o valor do contrato foi estimado em R$775.692.500,00, considerando o valor de contraprestação mensal máxima.[113] O limite da proposta comercial foi fixado em R$3.350.000,00, referente ao valor de contraprestação mensal máxima.[114]

Considerando o exercício de 2019, os valores estimados de arrecadação da COSIP pelo Município de Teresina estavam em R$54.000.000,00, com saldo de R$23.680.142,05.[115] Assim, pela comparação entre o valor decorrente da simples multiplicação, sem qualquer tipo de reajuste, da contraprestação mensal proposta pela licitante vencedora, e dos valores arrecadados pelo Município no período considerado, haveria excedente de cerca de R$32 milhões.

Na licitação realizada pelo Município de Vila Velha, a proposta de contraprestação pública mensal máxima apresentada pelo consórcio vencedor foi de R$501.000,00, representando deságio de 62% em relação ao valor máximo que poderia ser apresentado no certame.[116] O valor

---

[111] A homologação do procedimento licitatório e a adjudicação do objeto foram publicadas no Diário Oficial do Município de Teresina nº 2.628, de 15 de outubro de 2019.

[112] Item 4.1 do Edital de Licitação da PPP de Teresina.

[113] Item 4.2 do Edital de Licitação da PPP de Teresina.

[114] Item 13.2(vi) do Edital de Licitação da PPP de Teresina.

[115] Município de Teresina. Relatório Resumido da Execução Orçamentária. Balanço Orçamentário. Orçamentos Fiscal e da Seguridade Social. Dados até o 3º bimestre do exercício de 2019.

[116] Ata da Sessão de Recebimento das Propostas (Comissão Especial de Licitação; Concorrência Pública nº 010/2020; Processo nº 48.903/2019).

total de contraprestação anual seria de R$6.012.000,00, corrigido ao longo do período da concessão.

O prazo da concessão foi fixado em 20 anos,[117] e o valor do contrato foi estimado em R$307.500.314,54, considerando o valor de contraprestação mensal máxima.[118] O limite da proposta comercial foi fixado em R$1.320.475,82, referente ao valor de contraprestação mensal máxima.[119]

Considerando o exercício de 2019, os valores estimados de arrecadação da COSIP pelo Município de Vila Velha estavam em R$38.125.474,57.[120] Assim, pela comparação entre o valor decorrente da simples multiplicação, sem qualquer tipo de reajuste da contraprestação mensal proposta pela licitante vencedora, e dos valores arrecadados pelo Município no período considerado, haveria excedente de cerca de R$32 milhões.

5.5 Alternativas aos gestores públicos e cuidados na aplicação dos recursos da COSIP

Dessa forma, fica claro que, especialmente após a realização de licitações exitosas para contratação de PPPs, haverá parcela relevante de recursos da COSIP disponíveis para utilização pelas Municipalidades. Ao mesmo tempo, não se pode perder de vista a vinculação constitucional desses recursos, para que não haja utilização inadequada, em hipóteses nas quais poderia haver questionamento.

Essa discussão será um pouco mais fácil em cenários nos quais haja admissão, também constitucional, para a desvinculação dos recursos, tal como acontece hoje por meio do art. 76-B do ADCT. Contudo, após a finalização do período que encerra no final do exercício de 2023, o percentual de 30% objeto da desvinculação deve, novamente, ser direcionado estritamente às finalidades de iluminação pública.

É o que ocorre, por exemplo, no Município de Porto Alegre. A Lei Complementar Municipal nº 840, de 27 de dezembro de 2018, alterou o *caput* e os §§1º e 2º, bem como incluiu o §3º no art. 7º da Lei nº 9.329, de 2003 conforme segue:

---

[117] Item 4.1 do Edital de Licitação da PPP de Vila Velha.
[118] Item 4.2 do Edital de Licitação da PPP de Vila Velha.
[119] Item 13.2.1(vi) do Edital de Licitação da PPP de Vila Velha.
[120] Informações extraídas do Portal da Transparência da Prefeitura Municipal de Vila Velha (BRASIL. Prefeitura Municipal de Vila Velha. *Portal da Transparência*. Disponível em: http://transparencia.vilavelha.es.gov.br/. Acesso em 09 set. 2020).

Art. 7º Fica criado o Fundo Municipal de Iluminação Pública (Fumip), de natureza contábil, administrado pela Secretaria Municipal de Serviços Urbanos (SMSUrb) ou outro órgão que, porventura, vier a substituí-la.

§1º O Fumip constará de Unidade Orçamentária, em separado, no orçamento da SMSUrb, no qual será alocado exclusivamente o serviço descrito no parágrafo único do art. 1º desta Lei, bem como os recursos arrecadados com a CIP nos termos do inc. II do caput do art. 6º-A desta Lei.

§2º Os rendimentos resultantes de aplicações dos recursos do Fumip terão a mesma destinação e vinculação dos recursos originários.

§3º Os valores constantes do Fumip que constituam excedente da CIP, após o integral cumprimento das obrigações decorrentes de eventual contrato de PPP autorizado e demais despesas relativas à rede de iluminação pública, servirão para financiar ações que tenham por objetivo o custeio de despesas relativas à infraestrutura urbana, especialmente manutenção de calçamento, transformação do sistema elétrico suspenso em fiação subterrânea, retirada de fiação excedente instalada pelo Poder Público Municipal em postes e asseamento dos passeios públicos.

Art. 9º A desvinculação de receitas de que trata o art. 76-B dos Atos de Disposições Constitucionais Transitórias (ADCT) ficará restrita aos recursos da CIP que ingressarem no Fumip.

Não parece haver vinculação direta entre as melhorias urbanas previstas no §3º e as finalidades estritas referentes à arrecadação da COSIP (embora se reconheça, claro, a importância de os Municípios, em geral, terem o devido zelo com todas as medidas de acesso universal e utilização ampla das cidades, o que inclui adequado calçamento, manutenção e readequação de passeios públicos, adequada fiação). Essa discussão será mais tranquila enquanto perdurar a desvinculação prevista no ADCT, mas poderá ser mais problemática após o seu término.

Essa discussão tenderá a ganhar ainda mais profundidade em função da estrita pertinência entre o tema da iluminação pública e o desenvolvimento de cidades inteligentes. Poderá haver a intenção de utilização de recursos da COSIP para ações, projetos e funcionalidades que permitam a implantação de aspectos de cidades inteligentes. Contudo, caso a COSIP seja utilizada para tal finalidade, deve haver pertinência entre aquilo que é desenvolvido e a sua pertinência para iluminação pública, sob pena de questionamento.

Essas cautelas na utilização da COSIP decorrem das próprias discussões que levaram à Proposta de Emenda à Constituição nº 559, de 2002, do Senado Federal, a partir da qual se acrescentou o art. 149-A à CF/1988 (instituindo contribuição para custeio do serviço de iluminação pública nos Municípios e no Distrito Federal). No bojo dos debates, veiculou-se que

> [o] texto da emenda constitucional refere-se claramente apenas ao custeio do serviço de iluminação pública, obedecidos os princípios da legalidade e da anterioridade, o que de antemão resguardará os contribuintes contra abusos ou excessos legiferantes, que se tornariam inconstitucionais.[121]

5.6 Parecer em consulta no âmbito do TCE-ES

A possibilidade de desvinculação dos recursos da COSIP foi analisada e ratificada pelo TCE-ES no âmbito do Parecer em Consulta nº 00011/2020-4,[122] apresentada pela Chefia do Poder Executivo Municipal de Serra/ES. A consulta foi formulada nos seguintes termos:

> É possível utilizar recursos proveniente da desvinculação de todas as receitas do Município previstas no artigo 76-B do ADCT, especialmente COSIP, para fins de honrar com o depósito mensal no sentido de pagar os precatórios os quais estão inseridos no regime especial de pagamento? O mesmo entendimento se dá para os entes federados que estejam no regime geral de pagamento de precatórios?[123]

A resposta do TCE-ES foi positiva, apresentada conforme segue:

> Trinta por cento (30%) das receitas arrecadadas a título de Contribuição para Custeio do Serviço de Iluminação Pública (COSIP) podem ser desvinculados de sua finalidade, integrando o montante da Desvinculação das Receitas Municipais (DRM), no período abrangido pela Emenda Constitucional nº 93/2016 (01.01.2016 a 31.12.2023). Os outros setenta

---

[121] Comissão Especial – Contribuição de Iluminação Pública, autor: Senado Federal, Rel. Deputado Custódio Mattos. (BRASIL. Comissão Especial – Contribuição de Iluminação Pública. *Proposta de Emenda à Constituição nº 559, de 2002, do Senado Federal (apensada à PEC nº 504-A, de 2002, do Deputado Juquinha)*. p. 5. Disponível em: https://www.camara.leg.br/proposicoesWeb/prop_mostrarintegra?codteor=85426&filename=PRL+1+PEC50402+%3D%3E+PEC+559/2002. Acesso em 26 ago. 2020.

[122] Plenário, Processo nº 16315/2019-4, Rel. Cons. Luiz Carlos Ciciliotti da Cunha, sessão: 26 mai. 2020.

[123] Processo nº 16315/2019-4, fl. 01, relatório.

por cento (70%) devem ser utilizados exclusivamente no serviço de iluminação pública.

O município deve avaliar a conveniência e a oportunidade de incluir a receita da COSIP na DRM, tendo em vista a necessidade de prestação do serviço de iluminação pública.

Os recursos da DRM, os quais incluem 30% da receita arrecadada a título de COSIP, podem ser utilizados para o pagamento de precatórios inseridos tanto no regime especial quanto no regime geral de pagamentos.[124]

No voto do Rel. Cons. Luiz Carlos Ciciliotti da Cunha, destacou-se que a COSIP não está entre os tributos que permaneceriam vinculados. Assim, se a COSIP não foi mencionada nas exceções à desvinculação, o constituinte derivado teria desejado que ela fosse englobada na desvinculação. Isto é,

> a intenção explícita de excluir algumas receitas demonstra a intenção de que as demais (i.e., as não expressamente excluídas) fossem incluídas na DRM. Esse raciocínio é corroborado pelo fato de que as exceções são interpretadas restritivamente, não podendo o intérprete incluir outra hipótese onde o legislador não o fez.[125]

5.7 Conclusões

O tema da utilização da COSIP faz parte da principal agenda atual relativa ao segmento de iluminação pública. Contudo, merece aprofundamento e cuidados. Conforme consta no Processo nº 16315/2019-4 do TCE-ES, entendeu-se como viável a possibilidade de desvinculação das receitas da COSIP, no limite constitucional do ADCT de 30%, para a remuneração de outros objetos.

Porém, ressalvou-se que a regra constitucional permitiria a desvinculação somente até o ano de 2023, "o que inviabilizaria a utilização das receitas desvinculadas no projeto de PPP de *smart city* por período superior ao delimitado pela Constituição Federal".[126] Assim:

---

[124] Processo nº 16315/2019-4, fl. 02, relatório.
[125] Processo nº 16315/2019-4, fl. 14, voto do Cons. Luiz Carlos Ciciliotti da Cunha.
[126] Processo nº 16315/2019-4, fl. 12, voto do Cons. Luiz Carlos Ciciliotti da Cunha.

[...] haja vista que a intenção do constituinte reformador foi conferir liberdade e flexibilidade orçamentária aos entes federativos para definir a destinação de parte das receitas que arrecadam – mesmo que, originalmente, tais receitas estivessem afetas a outros fins –, os recursos da DRM, os quais incluem 30% da receita arrecadada a título de COSIP, podem ser utilizados para o pagamento de precatórios inseridos tanto no regime especial quanto no regime geral de pagamentos.[127]

Apenas note-se que no voto do Rel. Cons. Luiz Carlos Ciciliotti da Cunha foram colocadas três modulações acerca da desvinculação da arrecadação da COSIP:

i) verificar o patamar de arrecadação da COSIP pela Municipalidade. Se o Município não arrecadar valores suficientes nem para realizar a iluminação pública adequada, não deve destinar seus recursos para outro fim. De modo semelhante, se a arrecadação é suficiente para a iluminação pública, mas sem sobras, o município não pode prejudicar esse serviço para desvincular as receitas arrecadadas, criando excedentes artificialmente às custas do bom serviço público;[128]

ii) a desvinculação não pode atingir a totalidade da receita arrecadada a título de COSIP, mas 30% dela;[129]

iii) o período de arrecadação da COSIP, que pode ser objeto de desvinculação, possui data para o seu termo, qual seja, 31 de dezembro de 2023 (art. 76-B, *caput*, ADCT). Dessa maneira, somente podem ser desvinculadas as receitas arrecadas entre 01.01.2016 e 31.12.2023.[130]

---

[127] Processo nº 16315/2019-4, fl. 22, voto do Cons. Luiz Carlos Ciciliotti da Cunha.
[128] Processo nº 16315/2019-4, fl. 16, voto do Cons. Luiz Carlos Ciciliotti da Cunha.
[129] Processo nº 16315/2019-4, fl. 17, voto do Cons. Luiz Carlos Ciciliotti da Cunha.
[130] Processo nº 16315/2019-4, fl. 18, voto do Cons. Luiz Carlos Ciciliotti da Cunha.

CAPÍTULO 6

ILUMINAÇÃO PÚBLICA E SEGURANÇA JURÍDICA: CONDICIONANTES PARA REVOGAÇÃO DE LEGISLAÇÃO QUE CRIE A COSIP

6.1 Introdução

Juntamente com a discussão sobre a contratação de PPPs para a prestação dos serviços de iluminação pública, veio o debate sobre o risco político relativo aos projetos. Essencialmente, a discussão se colocou porque, como regra, os empreendimentos estruturados focam-se na figura da COSIP tanto para a modelagem da remuneração devida à concessionária ao longo da vida do contrato quanto para a prestação da garantia pública pelo Poder Concedente.

A COSIP é instituída por meio de leis municipais que poderiam, por hipótese, sofrer modificações de tempos em tempos. Em cenário extremo, os valores de arrecadação da contribuição poderiam ser diminuídos ou simplesmente extintos, por meio de alterações legais, sem a correspondência de aspectos contratuais que pudessem amparar a modificação e sem a estruturação de outros mecanismos de pagamento e de garantia que, também por hipótese, poderiam dar a adequada segurança jurídica para a continuidade da execução contratual.

Em minha visão, contudo, existem pontos jurídicos fiscal-orçamentários que mitigam tal risco. E tem havido reconhecimento, por meio de decisões administrativas e judiciais, da importância desta questão.

Nessa linha, o TCU já realizou discussão sobre a ausência de efeitos jurídicos de publicação de determinadas leis que são aprovadas sem a respectiva adequação financeiro-orçamentária. A partir do precedente mencionado, argumento que quaisquer alterações legais nesse sentido devem passar por rigorosos condicionantes jurídicos, como verdadeira condição jurídica para a sua eficácia, com aplicação direta no setor de iluminação pública, o que já foi, inclusive, reconhecido pelo TJ/MG em sede de ADI.

6.2 TCU e a discussão sobre aprovação de determinadas leis sem a respectiva adequação financeiro-orçamentária

Em 14 de agosto de 2019, o Plenário do TCU julgou o Processo nº 039.853/2018-7, que deu origem ao Acórdão nº 1.907/2019. Sob a relatoria do Ministro Raimundo Carreiro, o caso tratou de consulta, formulada pelo então Ministério da Fazenda (atual Ministério da Economia), relativamente à interpretação a ser dada no caso de conflito de normas decorrentes da aprovação de leis sem a devida adequação orçamentária e financeira e em inobservância ao que determina a legislação sobre a matéria, em especial o art. 167, II, da Constituição Federal, o art. 113 do ADCT, bem como os arts. 15, 16 e 17 da LRF. Eles preveem, respectivamente, o seguinte:

> CF/1988, art. 167, II: São vedados: [...] a realização de despesas ou a assunção de obrigações diretas que excedam os créditos orçamentários ou adicionais.

> ADCT, art. 113: A proposição legislativa que crie ou altere despesa obrigatória ou renúncia de receita deverá ser acompanhada da estimativa do seu impacto orçamentário e financeiro.

> LRF: Art. 15. Serão consideradas não autorizadas, irregulares e lesivas ao patrimônio público a geração de despesa ou assunção de obrigação que não atendam o disposto nos arts. 16 e 17.

> Art. 16. A criação, expansão ou aperfeiçoamento de ação governamental que acarrete aumento da despesa será acompanhado de: I – estimativa do impacto orçamentário-financeiro no exercício em que deva entrar em vigor e nos dois subsequentes; II – declaração do ordenador da despesa de que o aumento tem adequação orçamentária e financeira com a lei orçamentária anual e compatibilidade com o plano plurianual e com a lei de diretrizes orçamentárias.

Art. 17. Considera-se obrigatória de caráter continuado a despesa corrente derivada de lei, medida provisória ou ato administrativo normativo que fixem para o ente a obrigação legal de sua execução por um período superior a dois exercícios.

Todos os dispositivos veiculam preocupações com a disciplina fiscal. Têm como objetivo fazer com que o Poder Executivo e o Poder Legislativo se debrucem, desde um ponto de vista prático, sobre os impactos que suas ações podem causar nas finanças públicas. Há limitações para aumento de gastos e para diminuição de aferição de receitas que não podem ser juridicamente desconsideradas.

Em função disso, a consulta foi conhecida pelo TCU, que proferiu, em linhas gerais, o entendimento de que medidas legislativas aprovadas sem a devida adequação orçamentária e financeira, e em inobservância ao que determina a legislação vigente, somente podem ser aplicadas se forem satisfeitos os requisitos previstos na citada legislação.[131]

6.3 Entendimento do TCU no âmbito do Acórdão nº 1.907/2019

Nessa linha, o Acórdão TCU nº 1.907/2019 foi claro ao prever que a veiculação de leis que possam, de alguma maneira, gerar impactos fiscais positivos (*que criem despesas novas...*) ou negativos (*que extingam formas atuais de recebimento de recursos pelo Estado...*) devem passar por severo crivo para que produzam efeitos jurídicos. Os principais pontos podem ser assim sintetizados:

i) *Não se pode deixar de lado a questão da prudência fiscal*: leis aprovadas podem criar políticas públicas, programas, projetos. Naturalmente, poderão carregar consigo o aumento de obrigações financeiras:

> As disposições constantes do art. 167 da Constituição Federal, do art. 113 do ADCT, dos arts. 15, 16 e 17 da LRF, e dos dispositivos pertinentes da LDO em vigor revelam a preocupação do legislador, tanto o constitucional quanto o ordinário, com a higidez das finanças públicas, razão pela qual buscou elaborar normas de disciplina fiscal, com a imposição de regras que cobram responsabilidade e prudência não apenas do gestor

---

[131] Fls. 01-02, ementa, do Acórdão TCU nº 1.907/2019.

público, mas também do próprio legislador, quando da edição de novas leis.[132]

ii) *Ações, do Poder Executivo e do Poder Legislativo, podem gerar ônus financeiros estatais, os quais não podem ser desconsiderados*: assim, faz-se necessário ter atenção tanto em relação à possibilidade de, efetivamente, concretizar-se o objetivo perseguido, quanto em investigar quais seriam as consequências de sua adoção ou da inobservância da legislação financeiro-orçamentária:

> Elevada importância dessas normas constitucionais e legais de disciplina fiscal para a efetivação de direitos fundamentais, porquanto, conforme reconhecido pela doutrina, 'não existe almoço grátis' e os direitos têm custos que implicam ônus financeiro ao Estado para a sua realização, cujo suporte depende de uma atuação fiscal responsável, sob pena de as promessas constitucionais serem indefinidamente frustradas por razões financeiras.[133]

iii) *Tudo é resumido numa questão que chamarei aqui de pragmatismo orçamentário*: determinadas ações simplesmente não poderão ser executadas sem as adequadas previsões na legislação orçamentária para fazer frente a obrigações assumidas:

> Medidas legislativas aprovadas sem a devida adequação orçamentária e financeira, e em inobservância ao que determina a legislação vigente são inexequíveis, porquanto embora se trate de normas que, após a sua promulgação, entram no plano da existência e no plano da validade, não entram, ainda, no plano da eficácia, justamente por não atenderem ao disposto no art. 167 da CF/88, art. 113 do ADCT, arts. 15, 16 e 17 da LRF.[134]

E o que isso tem a ver com a segurança jurídica no setor de iluminação? *Muito*.

---

[132] Fl. 01, ementa, do Acórdão TCU nº 1.907/2019.
[133] Fl. 01, ementa, do Acórdão TCU nº 1.907/2019.
[134] Fl. 01, ementa, do Acórdão TCU nº 1.907/2019.

6.4 Aplicação do entendimento no Acórdão TCU nº 1.907/2019 no setor de iluminação pública

Serviços de iluminação pública são de competência municipal. Esta deriva da CF/1988: de seu art. 30, V, a atribuir aos Municípios a organização e a prestação, diretamente ou sob regime de concessão ou permissão, dos serviços públicos de interesse local; de seu art. 149-A, a estatuir que eles poderão instituir contribuição, na forma das respectivas leis, para o custeio do serviço de iluminação pública. Aí reside o fundamento constitucional para as leis municipais que preveem a criação e a cobrança da COSIP.

A reboque do debate sobre a contratação de PPPs para a prestação indireta de serviços no setor de iluminação pública, houve início de discussão sobre formas de se garantir maior segurança jurídica para que a iniciativa privada se engajasse nesse tipo de negócio.

Os serviços são de competência municipal, historicamente executados por meio de contratos celebrados com base na Lei de Licitações, com baixa regulação e pouca institucionalidade. Tais aspectos eram mitigados, diga-se, pelo fato de os contratos celebrados com base na Lei de Licitações serem de curto prazo, com baixa exposição de caixa e com realização de pagamentos com base em medições contratuais periódicas.

Com a celebração da PPP, o jogo muda. A SPE concessionária precisa realizar investimentos na modernização dos serviços logo no início do projeto. Os serviços são pagos mediante atendimento a rígidos indicadores de desempenho. O retorno econômico-financeiro do projeto ocorre, usualmente, em horizontes de médio e longo prazos. Os contratos terão prazos longuíssimos. Haverá necessidade de realização de reinvestimentos. Tecnologias poderão mudar. Membros de Prefeituras Municipais, Secretarias e Câmaras Municipais invariavelmente mudarão. *E por aí vai.*

Em meio a este estado de coisas, há que se garantir previsibilidade, certeza de que obrigações, público e privadas, serão realizadas a contento, na exata medida em que foram contratualizadas. Para que elas façam sentido, sob a perspectiva privada, há de se ter nível máximo de segurança jurídica de que os pagamentos serão realizados tempestivamente, concomitantemente à prestação dos serviços. Soluços financeiros poderão provocar impactos graves, afetando a SPE e, sobretudo, os destinatários da prestação dos serviços: *os cidadãos.*

É verdade que o fato de a COSIP ser, constitucional e legalmente, vinculada ao custeio dos serviços de iluminação pública, diminui consideravelmente os riscos assumidos pelo parceiro privado. Recursos arrecadados a título de cobrança da contribuição não poderão ser destinados a outra finalidade senão aquelas atinentes ao setor de iluminação pública (à *exceção, é verdade, da desvinculação de 30% das receitas municipais, que se estende até 2023, nos termos do art. 76-B do ADCT...*).

Mas, para além da questão teórica, medidas práticas têm sido pensadas para que a COSIP seja realizada adequadamente, de forma a se dar robustez aos contratos de PPPs.

Aqui, podem ser mencionadas a criação das já famosas contas vinculadas (*para as quais os recursos da COSIP devem ser automaticamente destinados, sem qualquer interferência da gestão municipal, geridas por agente fiduciário responsável por fazer o seu repasse automático à concessionária, no montante da contraprestação pública devida em determinado período*) e de contas reservas (*nas quais são colocados recursos em determinados patamares, para garantir acesso direto, fácil e não burocrático, pela concessionária, caso haja inadimplemento contratual*). Elas têm o objetivo de garantir o fluxo de caixa esperado ao longo do projeto, que remunerará a concessionária pela prestação dos serviços concedidos (*e os seus sócios pelos investimentos realizados para viabilização do projeto...*).

Poderia citar, ainda, outras questões. Previsão de possibilidade de interrupção de investimentos pela concessionária, caso haja inadimplemento em determinado patamar pelo Poder Concedente; instituição de juntas técnicas e previsão de resolução de conflitos via arbitragem; e estimativa de número de pontos que devem ser implantados para adequação dos serviços são algumas das medidas previstas para que haja previsibilidade na execução contratualmente.

Isso, contudo, não tem acabado com a discussão sobre os riscos políticos dos projetos, especialmente em relação à própria figura da COSIP: *como ela é instituída pela legislação municipal, poderia haver movimento, em nível local, para acabar com a contribuição, independentemente do motivo*. Poderiam, por hipótese, ser veiculadas leis ou editados decretos extinguindo-a ou diminuindo o seu patamar de arrecadação, conforme o caso. Haveria, consequentemente, impacto direto no fluxo de recebimento de recursos no âmbito do contrato de PPP, afetando o interesse privado nesse tipo de projeto.

O ponto é, em boa medida, contra intuitivo e não me parece ser vislumbrado facilmente, na prática. Isso porque a extinção (*ou a diminuição...*) da COSIP faria com que os recursos se esvaziassem duma mão, mas continuariam a ter que chegar na outra. Com isso, quero dizer que sua diminuição, nestes termos, invariavelmente faria com que houvesse necessidade de abertura de fôlego noutras fontes de receita do tesouro municipal para que os serviços continuassem a ser prestados ininterruptamente.

Em contexto de austeridade fiscal e de necessidade de abertura de espaço fiscal para lidar com problemas de ordem cotidiana dos entes federativos (*que vão ao pagamento de folha do servidorismo público à necessidade de realização de investimentos em serviços sociais...*), não é absolutamente crível que haveria renúncia à fonte perene de receita exclusivamente destinada a serviço municipal essencial...

6.5 Interpretação pela impossibilidade de diminuição ou revogação da COSIP sem os estudos financeiro-orçamentários adequados

Seja como for, fato é que esse risco político tem sido enxergado. E aqui volto ao entendimento exarado no Acórdão nº 1.907/2019. Conforme indicado pelo TCU:

> [...] medidas legislativas que forem aprovadas sem a devida adequação orçamentária e financeira, e em inobservância ao que determina a legislação vigente, especialmente o art. 167 da CF/1988, o art. 113 do ADCT, os arts. 15, 16 e 17 da LRF, e os dispositivos pertinentes da LDO em vigor, somente podem ser aplicadas se forem satisfeitos os requisitos previstos na citada legislação.[135]

A extinção ou a diminuição da COSIP, em minha visão, seria capaz de violar tais dispositivos. Consequentemente, contrariaria a visão do TCU sobre a questão: a contribuição apenas poderia ter seu valor diminuído caso o Poder Executivo e o Poder Legislativo (*a depender de quem promovesse a mudança...*) demonstrassem que não haveria impacto para as contas públicas, tampouco prejuízo para o pagamento dos valores devidos contratualmente à concessionária de iluminação pública. Haveria a necessidade de realização de estudos de impacto (*orçamentário e legislativo...*), sem os quais a medida, mesmo que veiculada por meio de edição de lei, seria antijurídica.

---

[135] Fl. 32 do Acórdão nº 1.907/2019.

Assim, a lei ou o decreto que modificasse a COSIP, ainda que existente e válido(a), não seria eficaz: *não produziriam efeitos até que fosse evidenciado que o contrato de PPP não seria prejudicado, juntamente com a adoção de medidas que garantissem o seu adimplemento*. O voto do Min. Rel. Raimundo Carreiro no Acórdão TCU nº 1.907/2019 esclareceu que:

> [...] medidas legislativas aprovadas sem a devida adequação orçamentária e financeira e em inobservância ao que determina a legislação vigente são inexequíveis, porquanto embora se trate de normas que, após a sua promulgação, entram no plano da existência e no plano da validade, não entram, ainda, no plano da eficácia, justamente por não atenderem ao disposto no art. 167 da CF/88, art. 113 do ADCT, arts. 15, 16 e 17 da LRF [...].[136]

Além disso, parece-me que a extinção ou a diminuição da COSIP também poderia ser aproximada da renúncia fiscal, nos termos do art. 14 da LRF. Da mesma maneira, tais modificações legais apenas entrariam em vigor com a demonstração de que estas não afetariam as metas de resultados fiscais previstas na lei de diretrizes orçamentárias, bem como deveriam estar acompanhadas de medidas de compensação.

Nesse sentido, o voto do Min. Rel. Raimundo Carreiro também foi claro ao tratar das preocupações com a renúncia fiscal. Para ele:

> [...] no caso das renúncias de receitas, o Poder Público deixa de receber determinados valores sobre os quais teria direito. Se, por um lado, tal medida pode ser justificada por razões de políticas públicas específicas, não há como negar, por outro lado, que referida renúncia implica, em um primeiro momento, uma limitação da capacidade financeira do Estado de atender a outras demandas da sociedade decorrentes da necessidade de satisfação de outros direitos.[137]

Qualquer diminuição do valor da COSIP, caso não seja devidamente justificada, poderá, assim, ser equiparada à renúncia de receita, pois a finalidade de continuidade na prestação dos serviços de iluminação pública continuará a existir, juntamente com outras necessidades dos cidadãos que também deverão ser atendidas pelas Municipalidades.

Não bastasse, eventuais alterações nos valores ou na sistemática relativa à COSIP poderão trazer impactos contratuais na PPP, que poderão gerar inadimplemento por parte do Poder Público.

---

[136] Fl. 25, Acórdão TCU nº 1.907/2019.
[137] Fl. 24 do Acórdão TCU nº 1.907/2019.

E, independentemente disso, ainda que os valores da COSIP sejam modificados, todas as obrigações de pagamento de contraprestação pública previstas contratualmente sobreviverão. Com ou sem COSIP, a Administração Pública continuará como devedora no bojo do contrato. Melhor que fique com ela, portanto.

Os debates sobre as PPPs de iluminação pública foram incisivos. Muitos projetos foram discutidos. Poucos saíram do papel. Eles precisam caminhar, sem deixar de lado a prudência fiscal, os ônus financeiros estatais e o pragmatismo orçamentário. Há de haver institucionalidade. Segurança jurídica para investimentos. Reconhecimento jurídico, tal como aqui proposto, de que a COSIP não poderá ser alterada sem a observância de rigorosos condicionantes legais.

6.6 Precedente do TJ/MG em âmbito de ADI

No Processo nº 1.0000.19.083962-1/000,[138] o TJ/MG julgou ADI, com pedido de concessão de medida cautelar, de suspensão dos efeitos da norma, ajuizada pela Chefia do Poder Executivo do Município de Coromandel, requerendo a declaração de inconstitucionalidade da Lei Complementar Municipal nº 166, de 15 de maio de 2019, que alterou o art. 5º da Lei Complementar Municipal nº 155, de 21 de dezembro de 2017.

A Lei Complementar Municipal nº 155/2017 instituiu, no município de Coromandel, a COSIP, conforme prevista no art. 149-A da CF/1988. Ela previu que a contribuição seria calculada mensalmente sobre o valor da tarifa de iluminação pública vigente para o Município, no momento da ocorrência do fato gerador, estabelecida pela ANEEL, incluindo-se seus acréscimos ou adições, adotando-se, nos intervalos de consumo indicados, os percentuais correspondentes, conforme tabela a seguir (art. 5º):

Consumo mensal (em Kwh)	% a ser aplicado sobre a Tarifa de Iluminação Pública
0 a 50	2,5%
51 a 100	4%
101 a 200	6%

Fonte: elaboração própria.

---

[138] Rel. Des. Armando Freire, Rel. do Acordão Des. Gilson Soares Lemes, j.: 27 jan. 2020.

Por meio da Lei Complementar Municipal nº 166/2019, as seguintes modificações seriam realizadas, impactando diretamente os valores passíveis de arrecadação pela Municipalidade em função da cobrança da COSIP:

Consumo mensal (em Kwh)	% a ser aplicado sobre a Tarifa de Iluminação Pública
0 a 50	2%
Acima de 50	4%

Fonte: elaboração própria.

Tal fato deu origem à ADI em comento, na qual o TJ/MG entendeu pela inconstitucionalidade da alteração. A ementa do julgado é a seguinte:

> Ação direta de inconstitucionalidade. Direito constitucional. Medida Cautelar. Lei Complementar nº 166/2019. Alteração do artigo 5º da Lei Complementar nº 155/2017. Diminuição do percentual a ser aplicado sobre a Tarifa de Iluminação Pública. Inconstitucionalidade. Probabilidade do direito. Competência privativa do chefe do Poder Executivo. Violação ao princípio da separação dos poderes. Perigo na demora. Ausência de estudo prévio dos impactos que a alteração legislativa pode causar para o Município. Cautelar deferida.
>
> – A inobservância do artigo 16, inciso II da Lei de Responsabilidade Fiscal, contraria a organização orçamentária do município regida exclusivamente pelo Prefeito, ao diminuir isoladamente o percentual aplicado sobre a Tarifa de Iluminação Pública, sem respeitar a diretrizes orçamentárias nas quais o município está vinculado.
>
> – Para que não haja qualquer violação ao artigo 161, inciso II da Constituição do Estado de Minas Gerais, é necessária a demonstração de compatibilidade do dispositivo impugnado com as diretrizes orçamentárias do município, ressaltando a inexistência de qualquer valor excedente, o que, em análise superficial, não restou demonstrado nos autos.
>
> – O marco central da inconstitucionalidade da Lei Complementar nº 166, de 15 de maio de 2019, em análise superficial, encontra-se presente no impacto que essa diminuição do percentual a ser aplicado sobre a Tarifa de Iluminação Pública pode gerar no contrato firmado entre a concessionária de iluminação pública e o Município de Coromandel, tendo em vista que a gestão dos contratos firmados entre o município

e a concessionária é eminentemente de competência do Chefe do Poder Executivo, sob pena de violação do Princípio da Separação dos Poderes.

– Diante da verificação do risco à gestão dos contratos administrativos e à violação evidente do princípio da separação dos poderes, à medida que se impõe é a concessão do pedido liminar, com a finalidade de suspender os efeitos da Lei Complementar nº 166, de 15 de maio de 2019, do Município de Coromandel.[139]

Em suas razões, a Chefia do Poder Executivo Municipal afirmou, no caso, que:[140]

i) a inconstitucionalidade a ser declarada residiria nas modificações implementadas pelo Poder Legislativo na proposta original da Lei Complementar nº 155/2017, as quais desnaturariam a sistemática da norma e a própria teleologia do legislador originário, a quem incumbia a competência constitucional de legislar sobre a matéria;

ii) a lei contestada, promulgada pela Câmara Municipal, alteraria de forma efetiva a sistemática de regulamentação da Lei Complementar Original sancionada pelo Executivo no exercício de sua competência exclusiva, incidindo em quebra da autonomia e separação dos poderes;

iii) a Lei Complementar nº 166/2019, ao modificar a Lei Complementar nº 155/2017, contribuiria para a redução na arrecadação do Município (tendo em vista a diminuição do percentual a ser aplicado sobre a Tarifa de Iluminação Pública) sem qualquer estudo do impacto financeiro orçamentário.

O desfecho da ação foi pautado pelo voto de divergência do Des. Gilson Soares Lemes, que esteve focado nos impactos financeiro-orçamentários que seriam causados pela modificação legal, sem que houvesse estudos robustos o suficiente, preparados pela Câmara Municipal, a amparar a alteração veiculada. Houve o destaque de que o ente municipal está sujeito à LRF, a qual preceitua a possibilidade de criação, expansão ou aperfeiçoamento de projetos governamentais que resultem em aumento de despesas, mas impõe duas condições cumulativas para essa permissão: "a estimativa de impacto orçamentário-financeiro e a declaração do ordenador da despesa no que concerne o aumento e

---

[139] Fls. 01-02 do Processo nº 1.0000.19.083962-1/000.
[140] Processo nº 1.0000.19.083962-1/000, fl. 04, relatório.

a compatibilidade do mesmo com a Lei Orçamentária Anual, Plano Plurianual e Lei de Diretrizes Orçamentárias".[141]

Para o Des. Gilson Soares Lemes:

> [...] o marco central da inconstitucionalidade da Lei Complementar nº 166, de 15 de maio de 2019, em análise superficial, encontra-se presente no impacto que essa diminuição do percentual a ser aplicado sobre a Tarifa de Iluminação Pública pode gerar no contrato firmado entre a concessionária de iluminação pública e o Município de Coromandel.
>
> Conforme supramencionado, não houve um estudo prévio dos impactos que essa alteração legislativa pode causar nas contas públicas do município, bem como em seu contrato vinculado à concessionária de energia. Como é sabido, a gestão dos contratos firmados entre o município e a concessionária de energia é eminentemente de competência do Chefe do Poder Executivo, sob pena de violação do Princípio da Separação dos Poderes.[142]

Finalmente, não obstante a Câmara Municipal de Coromandel tenha apresentado estimativa de impacto orçamentário-financeiro, fê-lo por meio de "simples planilha de cálculos", não havendo

> estudo prévio das consequências que podem ser geradas nas contas públicas. Além do mais, não há nos autos a comprovação de que o dispositivo impugnado pela Lei Complementar nº 166, de 15 de maio de 2019, está em consonância com a Lei Orçamentária Anual, Plano Plurianual e Lei de Diretrizes Orçamentárias.[143]

6.7 Conclusão

Conforme apontado, o setor de iluminação pública também tem ganhado segurança jurídica no que diz respeito a eventuais interferências políticas. Mais especificamente, no que diz respeito aos aspectos aqui analisados, tem havido blindagem sobre a COSIP, o que é fundamental para se garantir a sustentabilidade das PPPs e as garantias prestadas em favor das concessionárias em perspectivas de longo prazo.

---

[141] Processo nº 1.0000.19.083962-1/000, fl. 10, voto do Des. Gilson Soares Lemes.
[142] Processo nº 1.0000.19.083962-1/000, fl. 13, voto do Des. Gilson Soares Lemes.
[143] Processo nº 1.0000.19.083962-1/000, fls. 11-12, voto do Des. Gilson Soares Leme.

Para além das previsões legais e contratuais que dão clareza sobre como a arrecadação, os pagamentos e os acionamentos em casos de inadimplemento público devem ser feitos, decisões administrativas e judiciais têm reconhecido que eventuais modificações legislativas poderão ter efeitos contratuais deletérios severos. Não permitir tais modificações, feitas sem amparo legal ou contratual, é essencial para que haja previsibilidade setorial e diminuição à sensibilidade de risco para se celebrar negócios público-privados entre nós.

Embora as coisas estejam caminhando, e bem, na prática, ainda há outros caminhos a se percorrer e novas discussões a serem lançadas.

CAPÍTULO 7

CONCLUSÃO

7.1 Percorrido o itinerário exposto, coloco, neste capítulo de conclusão, algumas discussões que devem ser levantadas no setor de iluminação pública ao longo dos próximos anos. A primeira delas é sobre a efetiva continuidade da modelagem de projetos setoriais. Há competência municipal para sua prestação e o principal apoio institucional que atualmente é dado para o desenvolvimento de projetos advém de bancos públicos (BNDES e CEF), os quais, naturalmente, possuem capacidade finita de trabalho. Haverá, portanto, que se debruçar sobre formas alternativas de continuidade de estudos de projetos setoriais.

7.2 Ainda, parece-me que haverá incremento na discussão sobre como podem se dar, ou como devem ser mitigadas, eventuais interferências políticas em licitações em curso, em licitações já finalizadas, em contratos em vigor e na sua gestão de longo prazo. A atenção aqui volta-se à estabilidade das medidas tomadas, no anseio de que projetos contem com visão de Estado, e não com visão de Governo.

7.3 Concomitantemente, evoluirá a discussão sobre a modelagem da utilização da COSIP para os projetos, especificamente, ou para além deles, mas sempre com cuidado para a natureza vinculada dos recursos arrecadados. Como decorrência prática dos deságios experimentados, serão colocadas discussões sobre as fronteiras jurídicas de utilização desse recurso.

7.4 Bem por isso, haverá quem se debruce no debate sobre a utilização da COSIP para aspectos que possam dizer respeito diretamente à iluminação pública e à evolução tecnológica, especialmente, em função da discussão sobre cidades inteligentes e de componentes tecnológicos que poderão ser aproveitados no setor de iluminação pública ou a partir (e para além) dele.

7.5 Neste contexto, haverá incremento na discussão e na experiência sobre a exploração de receitas acessórias e de projetos associados, tanto do ponto de vista do interesse público no desenvolvimento desse tipo de iniciativa, quanto da atenção da iniciativa privada quanto à evolução tecnológica e à remuneração que poderá ser experimentada em cada contrato.

7.6 Finalmente, o natural transcorrer dos contratos trará à tona discussões sobre a realização de novos ciclos de investimentos, em função da evolução tecnológica relativa a cada avença, e do término de contratos que caminham, em função do tempo que transcorrerá.

7.7 Esses temas e outros, seguramente, continuarão a caminhar. O setor de iluminação pública caminhará. Assim espero. Ele é fundamental garantir boa qualidade de vida à nossa população. É crucial para que os cidadãos possam usufruir adequadamente de todas as funções da cidade, ter acesso a outros serviços públicos. Ele tem sido revestido de boa segurança jurídica e novas contribuições reforçarão esse aspecto. As minhas ficam aqui.